Roland Breitenbach

Das Geheimnis der Steine

Roland Breitenbach

Das Geheimnis der Steine

Irische Geschichten

echter

Vorwort

Das frühe Christentum und die religiösen Überzeugungen der Kelten gingen in Irland eine lebendige Beziehung ein. Am schönsten zeigt sich das in der fast zärtlich zu nennenden Begegnung zwischen Lug, dem keltischen Sonnengott, symbolisiert durch den Kreis, und Jesus Christus, der Sonne der Gerechtigkeit, mit dem Kreuz als Symbol. Kreis und Kreuz ineinander zu einer natürlich-übernatürlichen Einheit verwoben, das Keltenkreuz war geboren. Es findet sich auf der Grünen Insel überall.

Während die Darstellungen auf dem Längs- und Querbalken des Kreuzes biblische Aussagen und die religiöse Geschichte festhalten, tragen die Steinkreise, Steinreihen und Menhire die Erfahrungen der Menschen und des Landes in sich.

Sie erzählen das, was sie bewahren. Jedem Menschen, der still werden kann und sich zu ihren Füßen setzt, um zu lauschen, werden spirituelle Erfahrungen zuteil. Die so gewonnenen Geschichten werden am Torffeuer weitererzählt. Eine tiefe Ahnung verband die Kelten, als sie längst Christen geworden waren, mit einer dreifachen Welt: mit ihrer Umwelt, mit der

Unterwelt aus Feen und Elfen, aber auch mit der Welt des Himmels, zu der sie eine lebendige, geradezu freundschaftliche Verbindung pflegten. In vielen irischen Segensworten kommt das zum Ausdruck.

Einige dieser spirituellen Erfahrungen wollen die irischen Geschichten all jenen vermitteln, die für Gott und die Welt offen geblieben sind. Dann können sie hinter Worte, Gesten, Symbole und Rituale sehen. Die meisten Geschichten sind in der Einfachheit und Einsamkeit des Sheep's Head, einer kleinen irischen Halbinsel im Westen Irlands, entstanden.

Ich danke meinem Freund Stefan, der mich jedes Jahr in die wunderbare Stille dieser Landschaft entführt und der die Geschichten mit seinen Bildern wunderschön ergänzt hat. Seine Fotos zeigen, dass die Natur in Irland noch eine herrliche Freiheit und eine natürliche Wildheit genießen kann. Gerade deswegen sind die Bilder wie zusätzliche Wegweiser in die spirituelle Welt, die den Rhythmus von Licht und Dunkel, vom Kommen und Gehen atmet.

Roland Breitenbach

Inhalt

9 Stufen zum Himmel – die Mönche auf Skellig

43 Die Klage der Mutter Erde

53 Die Botschaft der Steine

65 Die Macht der Gewaltlosen

73 Der Mann im Nonnenkloster

87 Auf dem Mess-Pfad, dem Weg des Glaubens

95 Den ganzen Menschen retten

105 Straßenkehrer zwischen den Fronten

113 Liebeserklärung aus Stein

121 Der Zauber von Halloween

129 Die Heilige am Menhir

137 Die große Fahrt des Brendan

Stufen zum Himmel –
die Mönche auf Skellig

Drei Monate wartete er jetzt schon in Killonecaha. Jeden Morgen vor Sonnenaufgang und in der Dämmerung des Abends stieg Finian auf den Hügel hinter seiner einfachen Hütte und blickte nach Westen. Scharf in den Horizont geschnitten, zeigte sich am Morgen weit vor der Küste die Insel Sceilig Mhichil, wie sie die Küstenbewohner nannten, die Insel des heiligen Michael. Am Abend schwebte sie im Dunst über dem Wasser. Die Insel seiner Sehnsucht.

Finian kniff die Augen zusammen, um besser sehen zu können. Aber sie fanden nichts als den schwarzen Steinbrocken im Meer. Kein Licht, kein Zeichen. Seufzend kehrte er in seine Hütte zurück.

Seit drei Monaten. Am Morgen stand ein dampfender Gerstenbrei auf dem Tisch unter dem Fenster seiner Kammer. Am Abend lagen an gleicher Stelle einige Scheiben Brot, dazu Schafskäse im Topf. Auch seit drei Monaten.

Peigi, die junge Witwe, hatte den jungen Mönch ohne viel Aufhebens bei sich aufgenommen, als er bei ihr anklopfte. Das heißt, um ihren guten Ruf zu bewahren, hatte sie ihm im Hinterhof der bescheidenen

Behausung die Werkstatt ihres verunglückten Mannes Timothee zugewiesen. Er war erst vor einem halben Jahr bei der Robbenjagd ums Leben gekommen.

Finian hatte sich wortlos eingerichtet. Ein Tisch, ein Stuhl, ein paar Nägel an der Wand, um seine Sachen aufzuhängen, eine Ecke für sein Lager. Das genügte dem Mönch, der aus dem Süden des Landes gekommen war. Er werde nicht lange bleiben, meinte Finian, als Peigi besorgt nachfragte, ob er es denn auch bequem habe.

Am nächsten Morgen schon dampfte der Gerstenbrei auf dem Tisch, als er von seinem Ausguck zurückkehrte. Und so immer, bis Finian eines Abends bei Peigi anklopfte. Überrascht blieb der Mönch unter der Türe stehen. Zum ersten Male bemerkte er, wie schön seine Gastgeberin war. Peigi hatte den Knoten gelöst, der sonst ihr Haar zusammenhielt. Jetzt fiel es hell wie Weizenstroh über den Nacken auf die Schultern. Etwas verlegen bat sie den jungen Mann in die Küche. Hier flackerte an offenem Herd das Torffeuer und verbreitete neben dem typischen scharfen Geruch eine gemütliche Wärme.

Peigi reichte dem Mönch eine Schale mit duftendem Tee. „Sieben heilige Kräuter von dort oben." Sie zeigte mit dem Daumen auf den Hügel hinter dem Haus, der Finian als Ausguck auf die Skelligs diente. Der Mönch trank sich mit kleinen Schlucken in das Schweigen hinein, das sie umhüllte. „Wie ist dein Mann umgekommen?", fragte er schließlich: „Willst du darüber sprechen?"

Sie goss sich ebenfalls Tee in die Schale.

„Bei der Robbenjagd, sagtest du?"

Peigi nahm einen Schluck. „Sie brachten Timothee am Abend und legten ihn mir vor die Hütte. Die fünf Männer standen um seine Leiche, die sie in Segeltuch gehüllt hatten, herum und sagten kein Wort. Nach einer Weile meinten sie: ‚Es ist geschehen, was geschehen musste. Wir werden dir die Frauen schicken.' Und einer nach dem anderen ging. Dann kamen die Frauen und weinten und beteten und klagten. Ich aber saß wie versteinert auf dem Boden und hatte den Kopf meines Mannes auf dem Schoß. Ich streichelte ihn. Aber ich hatte keine Gedanken."

Peigi nahm einen Schluck Tee.

„Erst viel später erfuhr ich die ganze Geschichte: Die Fischer wussten, wo sich die Robben am liebsten aufhielten. Der beste Platz zum Fang war vor der Insel draußen am Rande der Klippen. Für das Schiff war der Weg durch die Felsen zu gefährlich, deswegen mussten sie schwimmen. Wer nicht schwimmen konnte, ich glaube nur drei konnten es, Timothee konnte es nicht, wurde von den anderen mit einem Seil auf die Sandbank gezogen, die hinter den scharfen Klippen lag. Dort haben sie die Robben erschlagen. Sieben oder acht an jenem Tag. Genug für das ganze Dorf. Als sie die Robben auf das Schiff gezogen hatten, setzte die Flut ein, früher als sonst, weil ein schwerer Sturm aufzog. Nun sollten die Nichtschwimmer am Seil zurückgezogen werden. Mein Timothee", Peigi stockte, „mein Timothee wurde von einer Welle auf den Felsen geschleudert. Als sie ihn endlich auf das Schiff ziehen konnten, war er schon tot."

Finian hätte Peigi gerne in den Arm genommen. Aber er dachte daran, dass er ein Mönch war und dass es sich nicht schickte.

„Wir haben nicht einmal ein Kind", sagte Peigi tonlos in die Stille.

Am nächsten Morgen stand Finian im scharfen Westwind auf dem Hügel und schaute angestrengt nach Westen. Scharf zeigten sich die Umrisse von Little Skellig und Skellig Michael am Horizont. Peigi war heraufgeklettert und stand neben ihm. So nahe, dass er ihre Wärme spüren konnte. „Was siehst du, was ich nicht sehe?", fragte sie. Finian schwieg.

Während sie gemeinsam den Hügel hinabstiegen, fragte Finian: „Wie weit ist es wohl bis Skellig Michael?"

„Wenn der Wind gut steht", meine Peigi, „brauchst du mit dem Boot einen halben Tag und etwas mehr."

Finian ging, um seinen Gerstenbrei zu essen.

Der Abt hatte die elf Mönche im Oratorium versammelt. In dem kleinen Raum gab es nur noch Platz für einen Dreizehnten. Das Haus war, wie die anderen Hütten der Mönche auch, aus flachen Steinen ohne jeden Mörtel bienenkorbartig gesetzt. Doch dieser 13. Platz blieb leer. Die Mönche hatten soeben die Totenmesse für Luca gefeiert, der am Tag zuvor gestorben war. Über dem Feuer in der Mitte des Raumes dampfte der Gerstenbrei. Der Rauch des Torffeuers stieg zur Decke und verschwand leicht kräuselnd durch eine Luke.

Der Abt begann mit leichtem Singen in der Stimme: „Lasst uns beten, Brüder, bevor wir das Totenmahl der Erinnerung an unseren Bruder halten."

„Groß ist der Herr und hoch zu loben", begann der Vorbeter: „Ein Geschlecht verkünde dem anderen den Ruhm seiner Werke."

Mit kräftigen Stimmen setzte die Gemeinschaft das Psalmengebet fort: „Der Herr ist gütig zu allen, sein Erbarmen liegt über uns und seinen Werken."

Wieder ertönte die Stimme des Vorbeters: „Aller Augen warten auf dich, o Herr, du gibst ihnen Speise zur rechten Zeit."

„Du öffnest deine Hand und machst alle satt, so wie es dir gefällt."

Kaum war das dreifache „Ehre sei dem Vater ..." verklungen, holten die Mönche eine irdene Schale unter ihrem Mantel hervor. Der Abt schöpfte mit einem gemurmelten Segensgebet den Brei aus dem Kessel, den er aus dem Feuer gezogen hatte. Dann nahm auch er.

Schweigend aßen die Mönche.

Als sie gegessen hatten, sammelte der Jüngste die Schalen ein und ging nach draußen, um sie zu reinigen.

Die Mönche saßen schweigend um die sanfte Glut, die das Oratorium nicht mehr zu erhellen vermochte. Vom Dach ertönte ein Knarren und Schleifen. Der Jüngste schob den Verschlussstein über die Dachluke, um sie für die Nacht zu verschließen. Kurz darauf trat er in den nun fast dunklen Raum und setzte sich auf die Seite des Abtes.

Nach einer Zeit des Schweigens sagte der Abt: „Ihr wisst, Brüder, dass schon vor einem Jahr das Los auf Finian gefallen ist, den Mönch aus Rosscabi. Der Heilige Geist hat entschieden. Er soll die Zahl der Dreizehn wieder füllen. Es ist an der Zeit, dass wir ihm das Zeichen des heiligen Michael schicken."

Die Mönche murmelten zustimmend. Dann erhob sich einer nach dem anderen, verneigte sich vor dem Abt und verschwand durch die enge Türe. Der Jüngste war geblieben.

„Dich und Jakob habe ich auserwählt, das Zeichen für Finian zu setzen."

Da stand auch Bruder Gabriel auf, verneigte sich wortlos und ging.

Der Abt saß noch lange im Dunkel des Oratoriums und betete:

„Ich hoffe auf den Herrn, allezeit hoffe ich auf ihn.

Ich warte voll Vertrauen auf seine Entscheidungen.

Ich will auf den Morgen warten, mehr als die Wächter der Nacht.

Mehr als die Wächter warte ich auf den Herrn.

Denn bei ihm ist Erlösung. Erlösung in Fülle. Amen."

Wieder hatte sich der Blick Finians an der fernen Insel verloren. Als er in seine Hütte zurückkam, stand Peigi am Fenster, so als hätte sie heute den Gerstenbrei verspätet gebracht. Ohne Umschweife fragte sie: „Was suchst du auf den Skelligs? Was gibt es bei den Mönchen Besonderes, das dich anzieht?"

Finian schaute sie lange an und betrachtete ihre zarte Gestalt, die noch durch das grobe Leinen gut zu erkennen war. Peigi trug das Haar wieder offen. Sie hielt dem Blick des Mönchs stand: „Was suchst du auf den Skelligs?", wiederholte sie. „Hier wäre", es klang ein wenig zögernd, „hier wäre auch ein Platz für einen Mann wie dich."

Der Mönch ging zu ihr ans Fenster und deutete auf das nahe Meer: „Gott hat mich durch das Los berufen. In Rosscabi, dem Kloster ganz im Süden, erreichte mich die Nachricht der Brüder. Unter tausend Mönchen und mehr aus dem ganzen Land wurde ich ausgewählt."

„Du weißt, dass du von dort nicht mehr zurückkehren wirst?"

„Ja. Es gibt nur noch diesen einen Weg für mich", antwortete Finian und berührte sie mit seinen Lippen zart an der Stirne. „Ich danke dir für deine Gastfreundschaft. Ich ahne, dass meine Zeit hier zu Ende geht. Vielleicht morgen schon. Gott weiß es."

Am dritten Morgen nach diesem Gespräch sah Finian von seinem Ausguck das Boot im winzigen Hafen von Killonecaha. Gleich neben dem Abbruch der Steilküste zu seiner Linken schaukelte es leicht im Morgenwind. Der Mönch sprang den Hügel hinab, am Haus von Peigi vorbei zu dem schmalen Sandstrand, der sich rechts der tieferen Bucht ausbreitete.

Die Fischer waren noch nicht vom nächtlichen Fang zurückgekehrt. So dümpelte das Boot, das er noch nie gesehen hatte, an der nassen Steinmauer auf

und ab. Es war die Zeit der beginnenden Ebbe. Das weiße Segel hing schlaff vom Mast. Finian konnte daran ein Zeichen erkennen. Ein großes rotes M mit drei Kreuzen. Der heilige Michael selbst hatte ihm ein Boot geschickt.

Finian kniete am Kai nieder und betete den Segen St. Brandons:

„Gottes Nähe sei mit mir,
wenn ich mich seinem Wind anvertraue.
Gottes Nähe sei mit mir,
wenn ich mich den Wassern des Ozeans anvertraue.
Gottes Nähe nehme mir alle Furcht
vor morgen und übermorgen.
Gottes Nähe lasse nicht zu,
dass ich mein Lebensziel verfehle.
Gottes Nähe nehme mir die Angst vor dem Tod
und dem Leben."

Dann sprang er von der Mauer auf das Boot, das unter seinem Druck leicht nachgab und im Wasser schwankte. Dann löste Finian mit zitternden Händen das Tau und warf es an Land. Er straffte das Segel. Ein Sog vom offenen Meer her, dazu ein leichter Ostwind trieben das Boot immer schneller aus dem winzigen Hafen. Schon trafen die ersten kurzen Wellen den Bug des kleinen Schiffes, das im Auf und Ab des Wassers seine Bahn nach Westen zog.

Der Mönch sah sich um. Es gab auf dem Schiff außer Mast und Segel nichts.

Keine Stange. Kein Ruder. Keine Sitzbank.

Die Sonne war aufgegangen und überzog das Meer mit goldenem Licht, während gegen Osten das Festland noch wie ein schwarzer Streifen schien. Im Westen aber, ganz in der Ferne im Dunst und Nebel zwei schwarze Inseln. Die Skelligs. Die größere davon war die Insel des heiligen Michael.

Ein Glücksgefühl, wie er es noch nie erlebt hatte, durchschauerte Finian. Er hatte das Ziel seines Lebens vor Augen. Wie hatte Peigi gesagt? „Einen halben Tag bei günstigem Wind. Mehr nicht."

Tiefliegende dunkle Wolken zogen drohend auf und verbargen den Blick auf das Land wie auf die Inseln. Der Wind hatte schnell gedreht. Finian konnte nicht mehr erkennen, wohin die Fahrt ging. Die See wurde heftiger, die Wellen schlugen höher. Das kleine Boot tanzte auf den Schaumkronen mit seltsamen Sprüngen. Finian musste sich am Mast festhalten, der sich im steifen Wind beugte. Er versuchte das straffe Segel zu lockern, aber es gelang ihm nicht. Gelegentlich drückte eine Böe das Schiff so sehr auf die Seite, dass sich Finian auf die andere werfen musste. Aber seltsam. Er fürchtete sich nicht.

Wie lange dauerte das Ringen des Bootes mit Wind und Wellen? Finian konnte die Zeit nicht einschätzen. Auf einmal zuckte er zusammen. Vor ihm war ein Kopf aufgetaucht und gleich wieder verschwunden. Dann wieder. Und wieder. Eine Robbe, eine junge Robbe begleitete neugierig seine Fahrt. Der Mönch atmete auf. Irgendwo musste Land sein. In diesem Augenblick brach die Sonne durch die Wolken. Der Himmel klarte auf. Vor ihm, schwarz und drohend: die Felsen von Skellig Michael.

Vergeblich suchten seine Augen nach einem Platz, wo das Boot anlegen könnte. Unnahbar ragte die Steinwand aus dem gischtigen Wasser mit weißen Schaumkronen. Mit lautem Donnern brachen sich die Wellen an den Felsen. Die Wassermassen schoben und zogen das kleine Boot auf die Felsen zu und schleuderten es im nächsten Augenblick weit hinaus auf das offene Meer. Lange ging dieses Spiel hin und her. Ohne Stange oder Ruder hatte Finian keine Möglichkeit, selber etwas zu tun.

Hinter dem mächtigen Felsen der Insel schien die Sonne bereits zu versinken. Das Wasser beruhigte sich. Wie von Engelshänden gezogen, glitt das Boot in einigem Abstand an der Insel vorbei, so als sollte Skellig Michael umrundet werden. Die Dämmerung war schon weit fortgeschritten, als er auf der Nordseite des Eilandes eine kleine Bucht entdeckte. Sanft fuhr das Boot hinein. Das Wasser war hier völlig ruhig.

Am Ufer standen elf Gestalten. Gehüllt in grauschwarzes Tuch, die Kapuze über den Kopf gezogen, die Arme unter dem Mantel verborgen. Erst als Finian das Boot auf den kleinen Sandstrand gezogen hatte, kam Bewegung in die Gruppe. Die Mönche gingen auf ihn zu, einer reichte ihm die Hand, um ihm auf den Felsvorsprung hinaufzuhelfen.

„Willkommen, Bruder. In Namen Gottes willkommen. Und im Namen des heiligen Michael."

Die Mönche nahmen Finian in die Mitte und stiegen, ohne ein weiteres Wort zu verlieren, bedächtig einen steilen Pfad hinauf. Auf halber Höhe, auf dem ersten Sattel, blieb die Gruppe stehen. Der Abt hatte die Mönche an jener Stelle erwartet, wo eine Christusfigur aus dem dunklen Stein geschlagen war.

Dreizehn Felsbrocken waren zu einem Kreis auf dem Boden ausgelegt. Die Mönche umstanden diesen Steinkreis. Sie sprachen über Finian ein Segenswort, nahmen dann, einer nach dem anderen, einen Stein auf und warfen ihn in die Tiefe.

Als das Poltern verklungen war, folgte der nächste Mönch:

„Mögest du in deinem Leben
die Gegenwart des einen und
einzigen Gottes erkennen.
Mögest du erkennen, dass du
deswegen niemals allein bist.
Möge sich deine Seele
durch den dreifaltigen Gott
mit dem Weltall verbinden.
Möge das Vierfache des Himmels,
das Licht des Ostens, die Glut des Südens,
die Zärtlichkeit des Westens und die Ruhe des
Nordens, dich mit seiner Kraft umgeben.
Mögen dir die fünf Sinne
allezeit die Zuwendung Gottes erfahren lassen.
Mögest du die Mitbrüder
sechsfach in ihrer Verschiedenheit achten.

Mögen dir die sieben Gnaden
der heiligen Sakramente nie verlorengehen.
Mögen sich an dir die acht Seligpreisungen
unseres Herrn Jesus schon jetzt erfüllen.
Mögest du erkennen, und das neunmal am Tag,
dass deine Seele einmalig ist.
Mögen die Zehn Gebote dir Richtschnur
und Regel sein für das Leben unter uns.
Möge dich die Elf lehren,
dass die Liebe über allen Geboten steht."

Der elfte Stein war unter diesen Worten der Brüder den Abhang hinuntergepoltert. Den zwölften nahm der Abt auf, ging auf Finian zu und sagte: „Möge dich die Zahl der Apostel daran erinnern, dass du berufen bist, uns wieder zu einer heiligen Gemeinschaft zu machen. Zwölf Apostel hat Jesus auserwählt. Doch sei dessen eingedenk: Einer hat ihn verraten!"

Dann überreichte er dem jungen Mönch den Stein und sagte: „Dein Kopf soll künftig auf diesem Stein ruhen. Wie du ihn spürst bei Tag und bei Nacht, soll das Evangelium Jesu deinen Verstand durchdringen und dein Herz erfüllen."

Dann nahm der Abt den dreizehnten Stein auf und warf ihn in die Tiefe: „Finian, heimgekehrt bist du aus der Zeit in die Ewigkeit Gottes. Du lebst und bist doch schon gestorben. Du bist schon gestorben und doch lebst du. Du sollst diese Insel nie mehr verlassen, so wahr dir der heilige Michael helfe."

„Dank sei Gott, dem Herrn", murmelten die Mönche. Finian erschauerte und nahm seinen Stein aus den Händen des Abtes.

Es war über diesem Eingangsritual Nacht geworden. Die Mönche nahmen Finian wieder in ihre Mitte und stiegen weiter den Berg hinauf. Auf einmal stieß sein Fuß an einen Stein. Obwohl er nichts sehen konnte, bemerkte er am Tritt seiner Vorgänger, dass eine Treppe begonnen hatte, die steil zum Kloster führte. Instinktiv begann Finian zu zählen: 1 ... 2 ... 3 ... 127 ... 128 ... 129 ... 386 ... 387 ... 388 ... 401 ... 402 ... 403 ... 478 ... 479 ...

Der Mönch, der hinter ihm gegangen war, packte ihn am Ärmel und zog ihn zur Seite. Noch einmal versammelten sich die Brüder um ihn. Zunächst sah er vor sich nur eine schwarze Wand. Nach einiger Zeit konnte er Umrisse erkennen: ein rundes, bienenkorbförmiges Gebilde. Die Zelle seines verstorbenen Vorgängers. Seine Zelle.

Der Abt überreichte Finian eine Decke aus Schafwolle, einen Trinkbecher und eine Schale: „Mögest du behütet und bewacht vom Erzengel Michael in deine erste Nacht hineingehen und unbeschadet vom Bösen aufwachen zum neuen Leben."

Ein paar Schritte nur und der junge Mönch war allein. Als er sich mit der Decke auf dem Boden seiner Hütte ausstreckte, umgab ihn eine tiefe Stille, die er in seinem Körper hören konnte.

Die schwere Dunkelheit ängstigte Finian nicht. Schließlich sind wir Menschen Kinder der Dunkelheit. Deswegen kehren wir gerne in das Dunkel der Höhle zurück, als wäre es der nachtdunkle und warme Schoß der Mutter, der uns neun Monate getragen hat.

Finian zog die Wolldecke fester um sich. Sein Kopf ruhte auf dem glattgeschliffenen Stein.

Die Geburt ist wie eine erste, gefahrvolle Reise aus dem Dunkel in das Licht. Wem gilt der erste Schrei des jungen Lebens? Dem Licht? Der Trauer über den Verlust? Der Zukunft?

Der Mensch tritt aus dem Dunkel ans Licht. Jede Regung, jede Idee, jeder Gedanke bringt Helle in das Dunkel. Ein ewiger Kreislauf. Finian sah vor sich das große Symbol seines Volkes, den Kreis als Zeichen der Wanderung durch diese Welt. Hier hat sich jetzt der Kreis geschlossen, dachte er. „Du lebst und bist doch schon gestorben", hatte der Abt zu ihm gesagt. Und wieder schauderte ihm für einen kurzen Augenblick. Kreis und Kreuz würden ihn von nun an begleiten.

Ob er wollte oder nicht, Peigi kam ihm in den Sinn. Finian schüttelte energisch und abwehrend seinen Kopf wegen dieser Gedanken, so dass ihn der Stein schmerzte. „Wenn in der Nacht unseres Herzens die Liebe erwacht", zitierte der Mönch die Worte eines Dichters, „ist es, als ginge die Sonne in uns auf."

Der junge Mönch spürte eine Weile der Liebe nach, der er sich versagte. Die Seele braucht die Liebe so, wie die Lungen die Luft zum Atmen nötig haben. Die Möglichkeit der Liebe würde ihm bleiben, dachte Finian. Die Möglichkeit ist der geheime Trost, den er jetzt in dieser dunklen Einsamkeit nötig hatte. Manchmal ist es gut, die Liebe in Ruhe zu lassen. Und doch bin

ich dankbar, sagte sich der junge Mönch, dass ich die Liebe spüren kann.

Peigi stand auf einmal vor ihm, so schön, wie er sie vorher nicht wahrgenommen hatte. Er dachte an die Anam-Cara-Erfahrung seines Volkes: Freundschaft und Liebe sind nicht begrenzt. Sie leben auch dann weiter, wenn Freunde voneinander getrennt sind. Freunde können über große Entfernungen, seien sie räumlicher oder geistiger Natur, füreinander bestimmt bleiben und den Lebensfluss des anderen in sich spüren.

„Ich will deine Liebe annehmen", sagte Finian laut in das Dunkel, „und dir dafür meine Kraft schenken. Ich habe dich losgelassen, aber ich werde dich lieben. Jeden Morgen werde ich dir über den Ozean einen Gruß der Liebe senden. Mein schönstes Gebet für dich."

Finian war hellwach, als er den Weckruf hörte, das dumpfe Schlagen von Holz auf Holz. Er trat durch die schmale Öffnung vor seine Behausung. Ein kalter, feuchter Wind empfing ihn. Am Himmel strahlte der Morgenstern. Tief unten hörte er das Rauschen des Ozeans.

Aus dem Morgendunkel trat ein Mönch auf ihn zu und führte ihn zum Oratorium. Dort erwartete ihn bereits der Abt. Er zeigte mit einer stummen Geste Finian den Platz seines Vorgängers: „Dein Platz unter den Brüdern. Denke an das Wort unseres Herrn: ‚Wer bei euch der Erste sein will, der soll der Knecht aller sein.' Bruder, Gott sei gepriesen für dich und dein Leben."

Inzwischen hatte sich das Oratorium bis auf den letzten Platz gefüllt. Bruder Gabriel schlug unter stummen Gebeten aus dem Stein Feuer. Mit den ersten Funken entzündete er die trockenen Torfschollen.

Als das Feuer aufflammte, stimmte der Abt das Morgenlob an. Gabriel bediente inzwischen zwei Öllampen, die in der Mauer des Oratoriums befestigt waren, so dass sich ein mildes Licht über die Betenden breitete.

„Du Abglanz von des Vaters Pracht,
du bringst aus Licht das Licht hervor.
Du Licht vom Licht, des Lichtes Quell,
du Tag, der unsern Tag erhellt."

Die zwölf Mönche fuhren im Gebet fort:

„Du wahre Sonne, brich herein,
du Sonne, die nie untergeht,
mit deinem hellen Strahl dring tief
in unsrer Sinne Grund.
Das Morgenrot steigt höher schon,
wie helles Licht geh ER uns auf:
Der Vater, Sohn und Heil'ger Geist
im Kreis die Welt zum Guten treibt."

Die Mönche hatten das Gebet beendet. Inzwischen war der Haferbrei, im Wechsel mit der Gerstensuppe die tägliche Speise auf der Skellig, warm geworden. Nach altem Ritus teilte der Abt die Speise aus und die Mönche aßen schweigend. Dann gab der Abt dem zweitältesten Bruder ein Zeichen.

Emanuel erhob sich. „Hört die heilige Regel, die für uns alle gilt."

Die Mönche zogen die Kapuze, die an die grauschwarze Kutte angeschnitten war, über ihren Kopf und Finian folgte ihrem Beispiel.

„Alle Brüder sind gleich, weil Jesus Christus unser Bruder ist."

„Amen!", antworteten die Mönche.

„Richtschnur unseres Betens, Denkens und Handelns ist das Evangelium, wie es uns Jesus Christus vom Vater gebracht hat."

„Amen!", murmelten die Mönche.

„Der Abt steht für uns an der Stelle Jesu Christi. Wer ihm Gehorsam leistet, steht in der Nachfolge Christi."

„Amen!", bestätigten die Mönche.

Dann folgte für Finian die Einführung in den Tagesablauf der Klostergemeinschaft.

„Der Mönch erhebt sich in der Zeit der Sommersonne um vier Uhr; in der Zeit der Wintersonne um sechs Uhr. Das Mittagsgebet verrichten wir zu der Zeit, da die Sonne am höchsten Punkt angelangt ist. Das Abendgebet fällt in die Stunde des Sonnenuntergangs. Zwischen Morgenlob und Mittagsgebet verrichtet der Mönch Gemeinschaftsaufgaben, die der Abt im Einvernehmen mit den Brüdern festlegt. Nach der Mittagsruhe hat der Mönch Zeit, seinen eigenen Aufgaben nachzugehen."

Der Abt nahm den weißen Wollgürtel, der vor ihm auf dem kleinen Tisch lag, und überreichte ihn Finian: „Trage diesen Gürtel um deine Hüften, denn von nun an bist du gebunden an die Regeln unserer Gemeinschaft. Gebunden sei deine Freiheit im Namen Christi. Gebunden sei deine Leidenschaft im Namen des guten Geistes. Gebunden sei deine Sorge für die Brüder ohne Unterschied im Namen des heiligen Michael."

„Brüder, es ist Zeit, an die Arbeit zu gehen", sagte der Abt nach dem kurzen Zeremoniell. „Finian mag mit Gabriel weiter an der Treppe bauen, bis die 670 Stufen vollendet sind."

Zwei andere Mönche, Tomas und Donal, stiegen in die Bucht hinab, um für das Mittagsmahl Fische zu fangen.

Es dauerte drei halbe Tage, bis Gabriel und Finian aus dem harten Fels eine einzige Stufe geschlagen hatten. Jetzt musste der schwere Stein an den Fuß der Treppe gebracht werden, wo sie bereits den Platz vorbereitet hatten. Die 489. Stufe sollte eingesetzt werden. Dazu benötigten sie die Hilfe der anderen Mönche.

„670 Stufen?", fragte Finian, als das Werk geschafft war.

„Es gibt eine alte Weissagung für Skellig Michael", erklärte Gabriel: „Jede Stufe steht für einen Tag Gottes unter den Menschen. Wenn die Treppe vollendet ist, haben wir unsere Aufgabe getan. Dann hat das Kloster seine Aufgabe erfüllt."

„Wie lange?", fragte Finian.

Gabriel blickte nach Osten, wo die Sonne gerade durch die regenschweren Wolken brach: „Wir arbeiten vom Herbst bis zum Frühjahr an der Treppe, also nur noch wenige Tage. Zehn Jahre, zwölf Jahre werden wir noch brauchen."

„Und dann?"

„Was fragst du, Bruder?"

An diesem Morgen bestimmte eine besondere Feierlichkeit die Zusammenkunft der Mönche im Oratorium. Es war der Morgen nach der Tag-und-Nacht-Gleiche des aufbrechenden Frühlings. Gleich neben dem Feuer stand ein Sack mit Gerste. Auf den Tischen der Mönche lagen drei leere Leinensäckchen.

Der Abt betete: „Unsere Hilfe steht im Namen des Herrn."

„Der Himmel und Erde geschaffen hat und alles, was lebt", antworteten die Mönche.

„Guter Gott, Keim des Lebens. Wir bitten dich, segne diese Körner, die wir dem Boden anvertrauen, dass sie dreißig-, fünfzig-, hundertfache Frucht bringen für unsere Gemeinschaft. Denn wenn das Korn nicht in die Erde gelegt wird und stirbt, bringt es keine Frucht. Lass den alten Menschen in uns, wie die Saat, die wir dir anvertrauen, absterben, um neue Menschen zu werden in Christus Jesus, unserem Bruder und Herrn. Amen."

Dann reichte Emanuel dem Abt seine drei Leinensäckchen. Dieser füllte das erste und sagte: „Im Blick auf unseren Bruder Finian wollen wir deuten, was wir tun: Das erste Säckchen wird mit Saatgut gefüllt für das Leben des Mönches; das zweite für das Leben der Gemeinschaft; das dritte für das Brot, das wir für die Feier des Brotbrechens brauchen. Aber der Ertrag aus allen drei Säckchen fließt bei der Ernte in eins zusammen, weil wir eine Gemeinschaft sind, geeint in unserem Herrn Jesus Christus."

Als alle Mönche die Saatkörner empfangen hatten, für die sie verantwortlich waren, beteten sie: „Seht, es kommen Tage – Spruch Gottes, des Herrn –, da schicke ich den Hunger ins Land, nicht den Hunger nach Brot, nicht Durst nach Wasser, sondern nach einem Wort des Herrn. Amen."

An den folgenden Tagen entwickelten die Mönche eine große Geschäftigkeit, nur unterbrochen durch die Gebetszeiten und die bescheidenen Mahlzeiten, die sie wie immer schweigend einnahmen. Zunächst half Finian den anderen Mönchen die Beete herzurichten, die bald die Saat aufnehmen sollten. Seit Jahrhunderten waren Brüder auf der Skellig damit beschäftigt gewesen, aus dem harten Fels Wannen herauszuschlagen, die anschließend mit Erdreich gefüllt wurden. Die Erde wurde in mühsamen Unternehmungen von allen Ecken der Insel zusammengetragen. Jede Handvoll war kostbar, denn sie verhieß Leben.

Eine besondere Technik sorgte dafür, dass nicht gebrauchtes Regenwasser aus den winzigen Ackerflächen abfließen konnte, bevor die Gerste verfaulte, dass aber auch so viel Wasser zurückgehalten wurde, dass das Getreide nicht vorzeitig vertrocknete. Viele solcher Beete waren auf den Steinhängen verteilt. Von

März bis Juli mussten die Mönche Tag für Tag nach ihren Feldern sehen, wenn sie sich einen bescheidenen Ertrag sichern wollten. Die Winter waren hart und lang auf Skellig Michael.

Nachdem die Gerste ausgesät war, wurden in Kübeln und Steinwannen Salat, Gemüse und Kräuter gezogen. Dann gab es im Sommer und Herbst ein wenig Abwechslung in den kargen Mahlzeiten der Gemeinschaft: morgens Gerstenbrei, mittags Fisch mit Gerste, abends geröstete Gerstenkörner.

Die Mönche hatten sich selbst auferlegt, vom Festland nur Torf, Öl und Salz einzuführen. Dazu Schafwolle, aus denen sie sich ihre Bekleidung und die Schlafdecken webten. Die Versorgungsschiffe kamen im Spätherbst, bevor die schweren Stürme einsetzen und den Zugang zu den Inseln oft für Monate unmöglich machten. Die Mönche zahlten mit Gebetsversprechen. Dazu brachten die Fischer von Killonecaha, die den Transport übernahmen, Zettel mit, auf denen die Gebetsanliegen standen. Wer vom Festland etwas zum Lebensunterhalt der Mönche beitrug, konnte mit der Fürbitte der Inselbewohner rechnen.

Am Fest des heiligen Michael, am 29. September, wurden die Fischer von den Mönchen bewirtet. Wegen der Kargheit der Insel hatte dieses Fest eher symbolischen Charakter. Allerdings hatten es die Mönche gelernt, eine sehr schmackhafte Suppe aus den verschiedenen Fischarten mit den selbst gezogenen Gewürzen zu bereiten, so dass die harten Männer erwartungsvoll mit der Zunge schnalzten. Vielleicht kam die verhalte-

ne Fröhlichkeit eher von dem selbstgebrannten Whiskey, den die Festlandsbewohner in kleinen Fässchen mitbrachten. An diesem Tag, dem einzigen Fest auf der Skellig, hatte der Abt nichts dagegen, wenn auch die Mönche dem scharfen Trank kräftig zusprachen.

Finian kam tagsüber nicht zum Nachdenken. Obwohl alle Arbeit schweigend verrichtet wurde, gab es für ihn so viel Neues, dass er Mühe hatte, die Handlungen und Handgriffe der Mönche zu verstehen. Als die Gerste aufgegangen war und, drei Handspannen hoch, bereits den Ansatz einer Ähre zeigte, war er voll und ganz in den Rhythmus der Gemeinschaft aufgegangen.

In der Nacht zogen die Gedanken, oft gegen seinen Willen, zum Festland. Sie geisterten um das Haus der Peigi und verwirrten ihn, der einsam in seiner Zelle lag. Zunächst fühlte er sich den Vagabunden hilflos ausgesetzt. Bis er sich an die vier Engel erinnerte, die ihn von allen Ecken seiner Zelle aus behüteten.

Je länger er auf Skellig Michael lebte, desto erfüllter wurden seine Nächte. Er wuchs und reifte mit der Gerste, um die er sich Tag um Tag kümmerte. Mangel an Liebe lässt alles erstarren und hart werden. Der Keim seiner Gerste lehrte ihn, dass das Sanfte, das Zärtliche alle Härte überwindet und ihn zur Quelle seines Lebens, der Liebe führt. Wo zuvor ein harter, schwarzer, toter Boden war, sprießte es, gab es Wachstum und Farbe, war Leben. So wie es die Liebe vermag. Er konnte Peigi lieben, ohne in Begehrlichkeit zu verbrennen.

Viele kleine Dinge von tiefer Bedeutung lehrten ihn die Mönche. Begegneten sich zwei auf den schmalen Pfaden, dann blieb der Jüngere stehen. Der Ältere ging rechts um ihn herum, in der Glück verheißenden Richtung der Sonnenbewegung. Das sollte bedeuten: Ich wünsche dir und deinem Leben Heil. Immer waren es die Älteren, die den Jüngeren zuvorkommend begegneten. Besonders der Abt. Er nutzte die verschiedenen Gelegenheiten, Finian mit kurzen Sätzen zu lehren.

Als der junge Mönch einmal über das Meer blickte, war der Abt unbemerkt an seine Seite getreten: „Wenn dein Geist unruhig ist und sich deine Gedanken verwirren, dann nimm den Rhythmus des Ozeans in dich auf. Aber bedenke, dass der Ozean sich niemals selbst sieht. Sogar das Licht der Sonne, das uns ermöglicht, alles zu sehen, sieht sich nicht. Der Ozean wie das Licht brauchen uns Menschen."

Ein andermal sagte er: „Die Natur ist einsam. Seit Millionen von Jahren schwimmen die beiden Inseln nebeneinander. Aber sie begegnen sich nicht. Wir Menschen können einander begegnen. Wir können dem anderen unser Innen schenken und ihn uns zum Freund machen."

Oder als er mit dem Behauen der 493. Stufe beschäftigt war: „Wenn wir unsere Einsamkeit leben, kommen wir in eine tiefe Verbindung mit allem, was ist. Sogar der Stein unter deinen Händen bekommt Leben und lässt dich die Tiefe und die Ewigkeit spüren, die in seiner Einsamkeit verborgen ist. Deine

Arbeit befreit den Stein. Der Namenlose wird zu einer großen Einheit."

Während Finian behutsam die dunkle Erde in seinem Kräutergärtchen lockerte, meinte der Abt: „Die Menschen graben ständig im Erdreich ihres Herzens. Sie lassen sich keine Ruhe. Ständig haben sie Pläne und Ideen und wundern sich, dass sie keine Frucht ansetzen können. Jede Pflanze muss in zwei Richtungen wachsen können: In die Dunkelheit hinein und in das Licht hinauf."

Als er eine Rübe für das Mittagsmahl aus dem Kübel zog, erklärte der Abt: „Wir sind erst dann im göttlichen Gleichgewicht, wenn wir tief verwurzelt sind. Was im Licht ist, darf nicht größer und stärker sein, als was uns mit unseren Quellen verbindet."

Die Jahre waren vergangen. Drei aus ihrer Gemeinschaft waren heimgegangen in das Ewige Licht. Dreimal hatten sie nach altem Ritual das Los geworfen. Dreimal hatte die Kraft des Erzengels Michael einen neuen Bruder auf die Skellig gebracht. Im zwölften Jahr danach starb der Abt.

Er hatte sich von den Mönchen für seine letzten Stunden in das Oratorium bringen lassen. „Ich habe drei Nächte hintereinander die Feenfrau klagen hören", sagte der Abt zu den Brüdern, die sich darüber wunderten, dass er eine alte Überlieferung des Volkes für den nahenden Tod erwähnte. „Es ist Zeit, Abschied von euch zu nehmen. Die Stimme unseres Volkes mahnt mich, euch den Segen zu spenden, bevor ich gehe."

Dann richtete er sich auf und sprach:

„Ich kehre heim mit dir, Bruder Tod, in dein Haus.

Ich kehre heim in dein Haus aus Winter, Frühling, Herbst und Sommer.

Ich kehre heim mit dir, Bruder Tod, zu meiner ewigen Liebe.

Ich kehre heim zu dir, Bruder Tod,

zu dem, der dich und mich gemacht hat."

Noch bevor das Torffeuer erloschen war, war der Abt heimgegangen. Wie es auf Skellig Brauch war, wählten die Brüder noch über dem Toten seinen Nachfolger. Die Wahl fiel einstimmig auf Finian.

Als der neue Abt seine ersten Worte an die Brüder richtete, war es allen, als rede der Verstorbene zu ihnen: „Brüder, die Seele unseres Bruders ist jetzt frei. Wir sind noch gebunden. Die Toten sind unsere nächsten Nachbarn. Sie umgeben uns wie die Luft, die wir atmen; wie das Dunkel, das uns umhüllt; wie die Sonne, die uns wärmt. Der einzige Unterschied ist, dass er jetzt sieht, was wir nicht sehen; dass er geliebt ist, wo wir uns noch mühen müssen; dass er geborgen ist, wo wir noch auf der Suche sind."

Seit Finian Abt war und Verantwortung für die Gemeinschaft zu tragen hatte, waren seine Nächte ganz anders geworden. Der Zweifel hatte wie ein böses Tier seine Hütte besetzt und ließ sich nicht vertreiben. Nacht für Nacht nagte er an seinem Herzen: Ob es richtig war auf dieser einsamen Insel sein eigenes Heil zu suchen? Vielleicht noch das Heil der zwölf Brüder? Unbeeindruckt von den Sorgen, dem Elend, den Kriegen der Welt, von denen die Fischer erzählten, wenn sie Salz, Öl und Wolle brachten.

Finian wagte nicht, mit den Brüdern darüber zu reden. Aber seine Zweifel wurden immer stärker. Selbst am Tage überfielen sie ihn mit solcher Macht, dass er weder im Gebet noch in der Arbeit Ruhe finden konnte. Oft stieg er deswegen in die kleine Bucht hinab. Wenn er den Wellen zusah, die sich im Sand verliefen, konnte er ruhiger werden. Doch schon auf dem Weg zurück hatten ihn Angst, Unsicherheit und Zweifel wieder eingeholt: Was wollte Gott ihm damit sagen?

Eines Tages, nach dem Abendgebet, sagte Bruder Gabriel: „668. 668 Stufen sind gesetzt. Noch zwei, dann sind wir fertig." Dieses Wort schnitt Abt Finian messerscharf durch die Seele. „Fertig, und was dann?!"

Die Selbstzweifel zermürbten ihn. Sie hockten des Nachts in seiner Zelle und hackten auf ihn ein wie der Fischgeier, der Tag für Tag seine Beute auf einem Felsen verzehrte. Je mehr er die heiligen Schriften meditierte, desto stärker wurden seine Zweifel. Die Ruhe, Zufriedenheit und Gelassenheit, die er viele Jahre auf der Skellig mit geradezu ausgeglichener Heiterkeit genossen hatte, waren dahin. Die Mönche bemerkten seine innere Unruhe. Aber weder er noch sie hatten den Mut, darüber zu sprechen.

In einer stürmischen Winternacht war Bruder Emanuel heimgegangen, ohne dass es einer der Mönche bemerkt hatte. Als er nicht zum Morgenlob erschienen war, sahen sie in seiner Zelle nach und fanden ihn mit gefalteten Händen tot auf dem Boden. Am gleichen Tag hielten sie die Totenmesse, legten seine Leiche in die Steinkammer, zu den Überresten aller, die vorher diesen Weg gegangen waren, und feierten das Totenmahl.

Am nächsten Tag sollte das Los für den Nachfolger gezogen werden. Nachdem die Gemeinschaft den Heiligen Geist angerufen hatte, aus der Reihe der Bewerber den Namen auszuwählen, der im Plan Gottes für das Leben auf Skellig Michael bestimmt sei, schüttelte Gabriel das Holzkästchen so lange, bis ein Stäbchen herausfiel.

Es trug keinen Namen.

Finian erschrak zutiefst. Er selber hatte die Namen der zwanzig Bewerber, die ihm jährlich von befreundeten Klöstern mitgeteilt wurden, auch das gehörte zur Aufgabe der Fischer, auf zwanzig Stäbchen geschrieben. Er konnte sich nicht erinnern, dass er ein leeres dazugelegt hätte. Er gab Gabriel ein leises Zeichen.

Der schüttelte das Kästchen so lange, bis ein zweites Stäbchen herausfiel. Es trug wieder keinen Namen. Die Brüder wurden unruhig und sahen den Abt erstaunt an. So etwas war noch nie geschehen. Hatte der Abt etwa absichtlich namenlose Stäbchen in den Loskasten gelegt? Doch der gab Gabriel erneut ein Zeichen.

Der Mönch wiederholte zum dritten Mal den Vorgang. Zwei Stäbchen fielen gleichzeitig heraus und machten den Wurf damit ungültig. Aber auch diese beiden Hölzchen trugen keinen Namen.

Finian war wachsbleich aufgestanden: „Wir wollen im Gebet überlegen, was der Herr uns damit sagen will." Mit einer Handbewegung entließ er die Mönche in jene Ungewissheit, die ihn seit langem plagte.

In dieser Nacht träumte Finian. Er war mit dem gleichen Boot unterwegs, das ihn vor über zwanzig Jahren auf die Insel gebracht hatte. Vergeblich versuchte er an Land zu kommen. Sosehr er sich auch mühte, wollte es ihm nicht gelingen. Schweißnass wachte er auf. Als er ein wenig zur Ruhe gekommen war, schlief er wieder ein. Da überwältigte ihn ein Traum von Neuem. Diesmal versuchte er die 669 Stufen auf Skellig Michael hinaufzusteigen. Doch er hatte das Gefühl, nicht vorwärtszukommen. Die Stufen nahmen kein Ende. Er stieg und stieg. Bleischwer wachte der Abt auf.

Laut sagte er zu sich: „Morgen setze ich die 670. Stufe. Dann möge Gott entscheiden, was geschieht."

Blutrot erhob sich die Sonne an diesem Morgen aus dem Ozean. Das bedeutete Sturm, obwohl sich der Himmel in der Frühe noch völlig klar zeigte. Aber schon nach dem Morgenlob frischte der Wind auf und trieb dunkle Wolken vor sich her, die sich immer mehr verdichteten. Schließlich tobte ein Sturm um die Insel, so dass der Abt befahl, an diesem Tag in den Hütten zu bleiben.

Er selber stieg in den Steinbruch hinab, um die letzte Stufe zu schlagen. Finian arbeitete so hart, dass er darüber die Zeit des Mittagsgebets versäumte. Gerade als er den letzten Schlag getan und die Stufe aus ihrem Untergrund gelöst hatte, standen die zwölf Mönche mit fragenden Blicken vor ihm.

Der Abt sah sie der Reihe nach eindringlich an. Dann hob er mit geradezu unmenschlicher Kraft die Steinstufe hoch. Einen kurzen Moment hielt er inne und trug dann, was sonst vier Mönche kaum gemeinsam schafften, den schweren Stein Schritt für Schritt nach oben. Ein Schrei, und die Stufe, die letzte, fiel auf den vorgesehen Platz.

Die Brüder hatten ihren Abt mit zunehmender Erregung begleitet. Sie waren sich der Bedeutung dieses Geschehens bewusst: Die letzte Stufe war gesetzt. Was würde, was musste jetzt geschehen?

Finian stand schwer atmend auf der 670. Stufe: „Beten wir jetzt darum, dass Gott uns zeigt, was er will." Immer noch mit schwerem Atem ging der Abt die paar Schritte zum Oratorium. Die Mönche waren ihm gefolgt.

Nach einer Zeit der Stille begann Finian: „Die Sehnsucht hat uns hierhergebracht. Generationen von Brüdern haben hier auf der Skellig gelebt und nach dem Willen Gottes gesucht. Wir haben heute das Werk vollendet, zu der uns die Überlieferung angetrieben hat. Jetzt sind wir frei für eine neue Sehnsucht, die Gott nicht in der Einsamkeit, nicht in der Ferne, sondern in uns selbst sucht. Diese Sehnsucht ist es, die uns heiligt. Ich bin davon überzeugt, dass wir die Insel verlassen müssen."

Die Brüder schauten ihren Abt erschrocken an.

Der wiederholte: „Ich bin davon überzeugt, dass wir

die Insel verlassen müssen. Das Evangelium will, dass wir Gott dienen, wenn wir den Menschen nahe sind. Geboren werden heißt, auserwählt werden. Jeder von uns wurde hierhergesandt, um das Werk zu vollenden, von dem wir nicht wissen, warum und wozu. Doch jetzt will Gott es anders. Denkt an das Los, das wir dreimal ohne Ergebnis geworfen haben. Gott will nicht mehr, dass wir ihm hier in der Einsamkeit dienen. Er ruft uns in die Wüste des Lebens zurück, um dort den Menschen zu dienen."

Die Klage der Mutter Erde

Für einen kurzen Augenblick schwankte der Boden unter seinen Füßen. Ein fernes, dumpfes Grollen war zu hören, das langsam verebbte.

„Morgen werde ich 35!" Martin erschrak, als ihm dieser Gedanke in dem Augenblick durch den Kopf fuhr, da die Erde erzitterte.

Zwei Kinder hatte Martin, das dritte war unterwegs. Seit acht Jahren war er mit Nelly verheiratet. Eine heiße Welle ging von seinem Herzen aus und überflutete seinen ganzen Körper: „Die Hälfte deines Lebens hast du hinter dir", sagte er laut zu sich selber, „die Hälfte deines Lebens!"

Gestern war Andreas O'Keeffe im 63. Lebensjahr gestorben. Ein heftiger Asthmaanfall hatte seinem Leben ein plötzliches Ende gesetzt. Mit unnatürlich blaurot angelaufenem Gesicht lag er in seinem Sarg. Martin musste, als sie in der Stube den Rosenkranz beteten, die Frauen und Kinder in der ersten Reihe, die Männer in der zweiten, dieses Gesicht, das alles andere als Frieden ausstrahlte, immer wieder ansehen.

Und er musste an seine Worte denken, die er oft bei den Kumpels wiederholte, wenn sie nach der Schicht oder am Wochenende bei ein paar Stout an der Theke standen: „Wir brechen das schwarze Gold mit unseren Knochen und bezahlen es mit unserem Blut."

Martins Gedanken wurden wieder von dem fernen Grollen unterbrochen, das sich zu verstärken schien.

„Hört ihr es nicht?", hatte er die Freunde und Nachbarn wieder und wieder gefragt: „Hört ihr die Erdgeister nicht, die uns warnen?"

Kilometerlang waren die Gänge seit Generationen in den Berg getrieben worden, um die Kohle zu fördern, die einen besseren Preis erzielte als der Torf, der auf der anderen Seite des Bloody Bridge River gestochen wurde. Neue Hügel waren rund ums Dorf entstanden, Abraumhalden, die in den Himmel wuchsen und die Sonne später aufgehen und früher untergehen ließen.

„Ja, es ist schwerer geworden im Berg", meinten die Kumpels, wenn Martin sie warnte und mahnte: „Aber wer glaubt denn heute noch an Erdgeister?"

Martin konnte seit Wochen nicht mehr ruhig schlafen, auch wenn er aus dem Schacht müde und zerschlagen nach Hause kam. Es lag nicht an der Schwangerschaft seiner Frau, die offenbar nicht so glatt verlief wie bei Lucie und Phil. Er beobachtete, wie sich Nelly des Öfteren festhalten musste. Aber er sagte nichts.

Die merkwürdige Unruhe, die ihn nicht schlafen ließ, kam aus dem Inneren der Erde. Er spürte sie nicht nur, wenn er das Grollen hörte. Es klang so, als spielten die Erdgeister tief drunten mit gewaltigen Kegeln. Dann, wenn die Kugeln an die Wand donnerten, zitterte die Erde.

„Was ist mit dir? Was hast du?", fragte ihn Nelly, wenn er sich stöhnend auf seinem Lager wälzte. Doch Martin gab keine Antwort. Er wollte seine Frau nicht ängstigen.

✠

„Sassa, erzähl mir was von den Erdgeistern! Was haben sie zu bedeuten? Haben sie uns was zu sagen?"

Martin war am frühen Morgen auf den Hill of Lockham gestiegen, um Klarheit über das Grollen und Grummeln der Erde zu bekommen, das offenbar nur ihn seit Monaten plagte. Hörten, spürten die anderen das nicht, oder wollten sie die Mahnungen nicht verstehen?

„Erdgeister?", fragte die Alte gedehnt zurück. Sassa, die, seit Martin denken konnte, auf der kargen und oft vom Sturm umtosten Höhe in einer Hütte hauste, antwortete schroff: „Es gibt keine Erdgeister. Das solltest du wissen. Was hast du mir mitgebracht?"

Die Alte lebte von dem, was Ratsuchende auf den Berg schleppten: ein paar Kartoffeln, ein Stück Schinken, eine Handvoll Eier.

Martin legte schweigend einen Beutel mit Gerstenmehl auf das Schränkchen, das die Küche vom Wohn- und Schlafraum trennte, und stellte eine Flasche Whiskey dazu. Die Alte schnalzte mit der Zunge und leckte sich die Lippen. „Mir geht das dumpfe Poltern, das ich seit Monaten höre, auf die Nerven. Ich kann nicht mehr schlafen", sagte Martin.

„Es ist die Mutter Erde selbst, die jammert und klagt", meinte Sassa wie nebenbei. „Geh, ehe es zu

spät ist für die Menschen im Tal", drängte sie. „Geh schon, mehr kann ich dir nicht sagen." Ihre Augen hingen begierig an der Whiskeyflasche.

✠

„Hej, Martin! Keinen einzigen Pint hast du zu deinem Geburtstag spendiert!" Die Stimmen der Kumpels aus dem Bergwerk überschlugen sich. „Warst du krank oder hast du uns einfach vergessen?"

„Als ob es mir auf das Bier ankäme!" Martin machte eine Handbewegung zum Wirt hinter der Theke, um anzuzeigen, dass er eine Runde ausgeben solle. „Ich muss mit euch reden. Lockham near the valley steht vor einer Katastrophe!"

Einer der Kumpels witzelte: „Ist die Brauerei bankrott oder sind dir die Pennies ausgegangen?"

„Lass das, ich mache keinen Spaß. Ich spüre, dass etwas ganz Schlimmes über unser Dorf hereinbrechen wird. Die Erde klagt und jammert darüber, was wir ihr antun. Wir zerreißen ihr die Eingeweide, wir beuten sie aus, wir lassen sie verbluten …"

„Die Erde jammert? Ich glaube, du hast ein paar Bier zu viel getrunken. Da kommt ja unsere Runde. Prost!"

Martin rührte sein Glas nicht an. „Ich gehe nicht mehr in den Berg. Lasst uns überlegen, was wir tun können."

„Er hat beim Hunderennen gewonnen!", spottete ein anderer. „Er geht nicht mehr in den Berg. Lasst uns überlegen, was wir für Martin tun können."

Unter dem Gelächter seiner Kumpels verließ er die Bar.

✤

Niedergedrückt ging Martin vom Grubenbüro nach Hause. Man hatte ihm dort ohne Nachfrage die Papiere gegeben, als er erklärt hatte, nicht mehr einfahren zu wollen. Wie sollte er Nelly sein Verhalten verständlich machen? Nächste Woche hatte sie Termin.

✤

Schichtwechsel. Dreimal am Tag verkündete die Sirene, dass zwanzig, fünfundzwanzig Kumpels im Paternostersystem aus der Tiefe des Bergwerks auftauchten und die gleiche Zahl von Männern in den Bauch der Erde versank.

Heute war es anders. Zweimal blieb das Fördersystem stehen und konnte nur mühsam wieder in Gang gesetzt werden. Martin hatte es seiner Frau noch immer nicht gebeichtet, dass er seine Arbeit aufgegeben hatte. „Ich kann dich doch jetzt mit dem Kind nicht allein lassen!", meinte er nur, wenn sie ihn fragte.

Nelly seufzte: „Es will und will nicht kommen. Wahrscheinlich ist es wieder ein Junge", meinte sie. „Jungs lassen sich Zeit!"

In diesem Augenblick bebte die Erde so heftig, dass sich Nelly an ihrem Mann festhielt. Das Grollen wurde zu einem Donnern. Die hohe Halde am Rande des Schachtes setzte sich unvermittelt in Bewegung, wälzte sich über den Förderturm und verschüttete noch

einige Schuppen und das Haus der Bergwerksver-
waltung. Kurz vor dem Dorf kamen die gewaltigen
Gesteinsmassen zur Ruhe.

Das Ganze hatte sich in wenigen Sekunden abge-
spielt. Noch einmal grollte die Erde und dann war es
totenstill.

✧

Die Rettungsmannschaften aus den umliegenden
Ortschaften arbeiteten planlos. Auf ein solches Ereig-
nis waren sie nicht vorbereitet. Das vorhandene Ge-
rät reichte nicht aus, um eine Schneise durch das
Abraumgestein zu ziehen und zum verschütteten
Schachteingang vorzudringen. Hilfe aus der Bezirks-
stadt war angefordert und würde bis zum folgenden
Morgen eintreffen.

Martin stand allein auf einem Hügel, dort, wo das
Waschhaus für die Kumpels gestanden hatte.

„Man muss den Kumpels helfen!" Ein Fremder
stand plötzlich neben Martin. „Man muss ihnen helfen. Es ist keine Zeit zu verlieren."

„Willst du sie mit bloßen Händen oder mit einer
Schaufel ausgraben?"

„Es gäbe da eine andere Möglichkeit", sagte der
Fremde.

Martin schlug sich mit der flachen Hand auf den
Kopf: „Dass ich nicht darauf gekommen bin. Der alte
Luftschacht!"

✧

Bei der Modernisierung der Grube vor einigen Jahren war der Luftschacht stillgelegt worden. Vor Generationen war er schräg in die Grube getrieben worden und hatte durch sein einfaches System für frische Luft in den Schachtanlagen gesorgt. Ein starkes Gebläse hatte diese Aufgabe übernommen und presste die Frischluft über dünne Rohre in die Tiefe.

Martin rannte zu dem alten Schacht, der ziemlich außerhalb der Werksanlage begann. Die Öffnung war nur notdürftig versperrt, damit Kinder keinen Zugang finden konnten. „Los, wir probieren es", sagte der Fremde, der bereits Balken und Bretter beiseiteräumte.

Martin wollte sich als Erster in den engen Schacht zwängen. „Halt!", meinte der Fremde. „Für alle Fälle brauchen wir ein Seil. Und denke an Licht. Deine Grubenlampe wird uns gute Dienste tun."

Eine Stunde oder länger waren beide, Martin voran, in der Schräge hinabgekrochen, als der Fremde mahnte: „An deinem Kopf ist ein Stein locker!" Martin wunderte sich, denn sein Begleiter konnte das gefährliche Hindernis unmöglich gesehen haben. Er lockerte den Felsbrocken weiter und versuchte ihn so zu platzieren, dass sie weiterkriechen konnten.

„Hörst du die Klopfzeichen?" Wieder war es der Fremde, der Martin aufmerksam machte. Martin lauschte. Jetzt konnte er das Notzeichen hören: Sechs Schläge; dann Pause, sechs Schläge, dann Pause …

Martin antwortete: Drei Schläge – Pause – drei Schläge.

Aufgeregt und ziemlich nah klang das Echo der Eingeschlossenen: Sechs Schläge – Pause – sechs Schläge ...

Martin und sein Begleiter krochen weiter, schneller und ohne auf sich Rücksicht zu nehmen. Jetzt klangen die Zeichen so, als trenne sie nur noch eine Wand.

„Hier", sagte Martin nach hinten mit heiserer Stimme, „hier ist der Schacht damals zugemauert worden und die Kumpels sind genau dahinter."

⚜

Drei Stunden später kroch der erste Hauer aus dem Luftschacht an die Oberfläche. Es war Nacht. Drüben an der verschütteten Anlage leuchteten riesige Scheinwerfer das Gelände aus, um den zahlreichen Helfern die Arbeit zu erleichtern. Nach und nach erschienen einundzwanzig schweißnasse, schwarzglänzende Köpfe an der Oberfläche. Der letzte war Martin. Wortlos umarmten sich die Kumpels, die rund um die rettende Öffnung auf dem Boden kauerten.

Martin sah sich um. Der Fremde fehlte. Er lauschte in den Schacht hinein. Rief. Nichts. „Geht!", sagte er zu den Kumpels: „Eure Familien warten auf euch!"

Martin setzte sich an den Rand des Luftschachts und wartete auf den Fremden. Er wartete die ganze Nacht. In der Morgenfrühe des neuen Tags hörte er aus der Tiefe ein zartes Singen.

Martin lächelte. Er stand auf und ging nach Hause, denn er wusste, ein Mensch, sein Kind war in diesem Moment geboren. Die Erde war versöhnt.

Die Botschaft der Steine

Nur noch wenige Menschen, zumeist alte Frauen, hatten sich noch in die Kirche schleppen können. Vier Hungerjahre hatten den Dorfbewohnern arg zugesetzt. Ein Pilz, der die Kartoffelfäule verursachte, hatte Jahr für Jahr dafür gesorgt, dass die Ernten immer geringer ausfielen. Die kostbare Frucht des Bodens war zum Schicksal der armen Leute geworden. Gäbe es die Schafe nicht, alle Menschen im kleinen Dorf Cill Rialag am Bolus Head wären schon verhungert, wie die vielen Jungen und Alten der letzten Zeit, deren einfache Holzkreuze auf dem Dorffriedhof Zeugnisse ihres frühen Todes waren.

Siebenundsiebzigmal hatte Father Romuald mit den Frauen in der kleinen Kirche aus aufgesetzten Steinen das „Miserere nobis" gesungen. Das fünfte Jahr war angebrochen. Hunger und Kälte würden wieder ihre Begleiter sein. Father Romuald löschte am Altar die einzige Kerze, die noch geblieben war. Das bisschen Wachs wird nicht mehr lange reichen, dachte er sich. Sein Blick fiel auf das Ewige Licht. Es war bereits seit Monaten erloschen. Es gab kein Öl mehr.

„Gott, bist du ausgezogen?", hörte sich der Priester

laut fragen. Und er fragte sich weiter: Gibt es diesen Gott wirklich, von dem die Bibel spricht? Gibt es die Sorge Gottes um seine Kreatur? Ist der Allmächtige nicht ohnmächtig angesichts der Allmacht der Natur, der die Menschen gnadenlos ausgeliefert sind?

Sonntags las Father Romuald die Messe, die er auf Lateinisch für sich murmelte. Die wenigen Gläubigen, die noch kamen, beteten inzwischen den Rosenkranz, bevor sie mit dem Segen in einen trostlosen Tag entlassen wurden. Von Montag bis Freitag war der Priester mit Beerdigungen beschäftigt. Romuald konnte sich nicht erinnern, wann er die letzte Hochzeit gefeiert, die letzte Taufe gespendet hatte.

Als der Priester die Kirchentüre verschließen wollte, sah er Tim am Weihwasserkessel stehen.

„Was helfen die Gebete?", hörte er ihn fragen. „Miserere nobis, immer nur miserere nobis ... Als ob es einen Gott geben könnte, der uns Brot gibt! Nur weil wir beten?"

Father Romuald schwieg. Waren ihm nicht selber solche lästerlichen Gedanken gekommen, Gott könne aus der Kirche ausgezogen sein und das Land verlassen haben, um die Menschen ihrem Schicksal zu überlassen? Dreht sich die Schöpfung wirklich um den Menschen?

Wenig später saß Tim mit seiner Großmutter Amelie am Torffeuer in der Küche. Sie rieb sich die klammen Hände. „Jetzt hilft nur noch Beten", sagte sie mit zittriger Stimme. „Ich habe nichts, was ich dir zum Essen anbieten könnte."

„Beten, beten?", gab Tim mit knurrendem Magen zur Antwort. „Ein Stück Brot wäre mir lieber."

„Versündige dich nicht!"

„Glaubst du wirklich, Großmutter, dass es einen Gott gibt, der in unser Leben und Sterben, in unser Kommen und Vergehen eingreift?", sagte Tim. „Wie kann er uns dann verhungern lassen? Wie kann er zulassen, dass die Engländer, die uns vor dem Tod bewahren könnten, so hart und unbarmherzig sind?"

„Es sind unsere Sünden!"

„Wo hast du denn gesündigt?", brach es aus Tim heraus. „Wo habe ich, wo haben wir in diesem Dorf so gesündigt, dass wir alle verhungern müssen? Was ist dein Gott für ein Gott?"

„Tim, ich bitte dich!"

„Ich will dir nicht wehtun", versuchte Tim die Schärfe aus seinem Ton zu nehmen, „aber wo ist dein Gott, wenn die verdammte Kartoffelfäule, viele sagen, die Hinterlist der Engländer hätte den tödlichen Pilz ins Land geschleppt, uns alle umbringt? Wo ist dieser Gott, wenn die Natur kein Mitleid und kein Erbarmen mit uns hat? Wo ist er, den Father Romuald uns als ‚Schöpfer des Himmels und der Erde' ans Herz gelegt hat?"

Großmutter Amelie atmete schwer: „Tim, du kannst fragen und sagen, was du willst. Ich vertraue auf Gott."

Tim nahm seine Großmutter in den Arm: „Vertrauen ist gut. Aber wir müssen auch etwas tun. Wenn ich nur wüsste, was? Unsere Vorfahren haben an Feen und geheimnisvolle Mächte geglaubt. Die große Steinreihe oberhalb unseres Grundstückes ist dafür ein gewaltiges Zeugnis: sechs Säulen aus Fels. Niemand weiß, woher die Steine kommen, wie und warum sie aufgerichtet wurden. Niemand kennt ihre Bedeutung, keiner weiß, was sie uns heute sagen wollen."

„Die Zeit der Tuatha Dé Dannan und der Kelten ist lange vorbei", sagte die Großmutter: „Eine neue Zeit ist angebrochen: Jesus Christus hat uns von unseren Sünden erlöst."

„Sünden, immer nur Sünden! Wenn ich das schon höre. Nein. Gott, so es ihn überhaupt gibt, hat mit Seuchen, Krankheiten und Wettergeschehen nichts zu tun."

Tim war gegangen.

✠

Der Mond war aufgegangen. Seine Sichel, ein gutes Viertel, erleuchtete mit sanftem Licht die Steinreihe aus den sechs Blöcken. Tief unten brachen sich unermüdlich weiß schimmernd die Wellen des Atlantiks an den steil abfallenden Felsen.

Vielleicht reden die Steine, wenn Gott schweigt, dachte Tim, der auf den Hügel über dem Dorf gestiegen war. Schließlich weiß eine alte Überlieferung, dass wichtige Ereignisse des Kalenders wie des Lebens der Menschen in den Steinen markiert sein sollen. Doch wo ist der Schlüssel? Wie ist das Rätsel der Steine zu lösen?

Tim war eingeschlafen, er saß auf einem abgebrochenen Stück des sechsten Steines, den Kopf an den noch stehenden Rest des Megalithen gelehnt. Im Traum hörte er die Geister der Steine reden: „Man muss etwas tun ... Es gibt keinen Gott der Kelten. Es gibt keinen Gott der Christen. Einen Gott, den es gibt, gibt es nicht. Gott ist. Er lebt in der Barmherzigkeit der Menschen ..."

☩

Schäfer Tomothy, der jeden Morgen mit seinen knapp zwei Dutzend Schafen an der Steinreihe vorbeizog, war der Letzte, der Tim lebend gesehen hatte. Tomothy hörte die Steine reden; er war es auch, der die Menschen im Dorf aus seiner reichen Erfahrung das Sammeln von Kräutern und Beeren lehrte. Auf diese Weise konnten wenigstens die Erwachsenen ihren Hunger besänftigen und überleben.

Im Dorf sorgte das Verschwinden des jungen Mannes nur kurze Zeit für Aufregung. Das Leben war ganz auf das Sterben der Hungernden, vor allem der Kinder, ausgerichtet. Nur die Großmutter trauerte um den Letzten aus ihrer Familie und fügte ihrem allabendlichen Gebet ein weiteres Vater unser hinzu.

☩

Heiligabend 1851. Tim saß im Gebetsraum der Baptisten in einem heruntergekommenen Stadtviertel New Yorks.

Die Geburtsgeschichte Jesu nach Lukas wurde als

Sprechspiel vorgetragen: „Es begab sich zur Zeit des Kaisers Augustus ..."

Tim folgte der Geschichte nur an der Oberfläche. Seine Gedanken waren bei seiner Großmutter in Cill Rialag. Ob sie noch lebte? Ob sie Weihnachten feierte?

Er erinnerte sich an die Flucht aus dem Hunger seiner Heimat, an die Überfahrt nach Amerika. An das Schiff, in dem die Auswanderer in qualvoller Enge zusammengepfercht waren. Er sah die Toten, die an jedem Morgen über die Reling ins Meer gekippt wurden. Anfangs konnte er für sie noch ein Vaterunser beten. Dann unterließ er es. Auch auf dem Schiff war der Tod zum Alltag geworden.

Tim wurde von einer Stimme aufgeschreckt: „Nimm das Kind und fliehe nach Ägypten ..." Ja, er war geflohen, ohne Abschied zu nehmen, um es sich und der Großmutter nicht zu schwer zu machen. In der Großstadt hatte er Arbeit und Unterkunft bei einem irischen Gemischtwarenhändler gefunden.

So weit sind sie schon in der Geschichte, dachte Tim. Er wartete darauf, wie der für ihn ungewohnte Gottesdienst weitergehen sollte. Er sah sich um: Der Saal war bis auf den letzten Platz gefüllt. Jetzt erst bemerkte er die einfachen, um nicht zu sagen ärmlichen Menschen, die der Weihnachtsgeschichte ergriffen lauschten: der Armut des Stalles, der Verfolgung durch die Mächtigen, der Flucht – das war auch ihr Leben.

Der Sprecher wechselte. Alle Anwesenden erhoben sich. Ein Lied wurde angestimmt, fremd und anrührend zugleich in den Ohren von Tim: Amazing grace ...

Er folgte mit schweren Gedanken den Worten des Liedes:

Ich war einst wie verloren,
aber nun bin ich gefunden,
War blind, aber nun sehe ich.

Gott hat mir Gutes versprochen.
Sein Wort gibt feste Hoffnung:
Gott ist mein Schutz und meine Zuversicht,
solange mein Leben währt.

Und wenn sich die Erde auflöst wie Schnee,
die Sonne aufhört, zu scheinen,
Gott, der mich gerufen hat,
wird ewig mein sein ...

Dann betete die Versammlung mit ausgebreiteten Händen das Vater unser.

Der Sprecher machte mit der Hand ein Zeichen. Alle setzten sich. Es breitete sich eine erwartungsvolle Stimmung aus, als der Vorsitzende noch einmal nach der Bibel griff und erklärte: „Das Fest der Geburt Jesu lässt sich nur feiern, wenn wir nicht bei dem Kind in der Krippe stehenbleiben. Wir folgen dem erwachsenen Jesus. Seinem Wort. Seinem Beispiel. Seinem Leben. Jesus Christus hat uns einen Auftrag gegeben, der durch die Zeiten gültig ist. Er hat zu allen, die ihm nachfolgten, zu den Frauen und Männern wie auch zu uns vor der Brotvermehrung gesagt: ‚Gebt ihr ihnen zu essen.'"

Die Hände des Sprechers sprachen die Einladung aus, bevor die Worte gesagt wurden, auf die offenbar viele gewartet hatten: „Das Weihnachtsmahl ist bereitet. Kommt und esst in dankbarer Erinnerung an Jesu Leben unter uns und für uns."

Die Türen zu einem zweiten Saal wurden geöffnet. Die Menschen strömten mit sichtlicher Freude durch sie hindurch.

Tim blieb sitzen. Das Wort „gebt ihr ihnen zu essen" hatte ihn zutiefst getroffen.

Der März 1852 zeigte am Bolus Head sein schönstes Gesicht. Vom Atlantik her wärmte eine ungewohnt milde Luft das Land. Auf den Äckern rund im Cill Rialag herrschte fröhliches Treiben. Überall an den Hängen waren Männer zu sehen, die Löcher in die Erde gruben. Frauen legten in sie Kartoffeln. Kinder verschlossen die Erdlöcher mit bloßen Händen und häuften kleine Hügel an.

Tim war aus Amerika zurückgekehrt. Im kleinen Hafen Baile an Sceilge hatte er ein Fuhrwerk gemietet. Das brachte die pilzresistenten Knollen, die er in Amerika eingekauft hatte, in das Dorf. Das Setzen der Kartoffeln geriet zu einem kleinen Fest. Neue Hoffnung nährte die Menschen.

Tim sah auf die fröhlichen Menschen und stieg höher zur Steinreihe, die das Dorf überragte. Zu seiner Überraschung fand er dort Father Romuald, der von dieser Höhe aus das Treiben der Männer, Frauen und Kinder beobachtete.

Romuald umarmte den jungen Mann. Tim deutete auf die sechs Steine: „Ich denke, die Geister unserer Ahnen werden ihre helle Freude am neuen Lebensmut des Dorfes haben."

Der Priester lächelte und zitierte Jesus: „Freut euch nicht darüber, dass euch die Geister gehorchen. Freut euch, dass eure Namen im Himmel verzeichnet sind" (Lk 10,20).

Tim gab trocken zurück: „Doch zunächst müssen wir hier nach einem viel wichtigeren Wort Jesu das Unsere tun: ‚Gebt ihr ihnen zu essen.'"

Im Herbst waren die Kartoffeln, die Frucht des Bodens und der armen Leute, bestens geraten. Die Ernte war überraschend groß, die Not hatte ein Ende. Mit Tim versammelten sich die Bewohner des Dorfes vor der Kirche. Alle waren gekommen. Father Romuald sprach von der Freitreppe des Gotteshauses dieses Gebet:

Das Vergangene möge uns lehren:
Selbst das Schlimmste
hält für das Gute eine Türe offen.

Das Heute möge uns zeigen:
Jeder Tag hat seine Last,
aber auch das kleine Glück.

Das Zukünftige möge uns befähigen:
Das Rechte tun, das Überflüssige lassen.

Unser ganzes Leben möge bezeugen:
Gott handelt mit uns und durch uns.
Seine Hände sind unsere Hände.

Tim war wieder zur Steinreihe hinaufgestiegen. Von dort konnte er das Dorf und vor allem den Friedhof mit einem Blick erfassen. Er dachte an seine Großmutter und an all die vielen Menschen, die wegen der Kartoffelfäule ihr Leben lassen mussten.

Als er sich zum Gehen wandte, sah er, dass am Fuß des dritten Steines eine kleine Quelle entstanden war. Klares Wasser sprudelte aus dem Felsen heraus und hatte sich einen schmalen Lauf talwärts gegraben. „Wasser ist Leben", dachte Jim. „Jetzt wird alles gut", sagte er, indem er sich bekreuzigte: „Es wird alles gut, wenn man etwas tut."

Die Macht der Gewaltlosen

„Boycott! Boycott! Boycott!"

Eine armselige Menschengruppe, Bauern in Landarbeiterkleidung, Frauen mit kleinen Kindern auf dem Arm, hatte sich vor dem stattlichen Anwesen des Edlen von Boycott zusammengerauft. Der Gutshof war durch übermannshohe Steinmauern geschützt. Ein mächtiges schmiedeeisernes Tor sein einziger Zugang.

„Boycott! Boycott! Boycott!", riefen, ja schrien sie drohend, und es wurden immer mehr, die sich versammelten.

Die Eisentore zum Gutshof schlossen sich wie von Geisterhand bewegt.

Inzwischen war die Menschenmenge auf über hundert angewachsen. Jugendliche waren hinzugekommen und hoben drohend die Fäuste. Selbst alte, gebrechliche Menschen hatten sich zum Gutshof geschleppt und erhoben ihre Stöcke.

Boycott – aus dem Namen des englischen Adeligen war mit einem Mal ein gefährlicher Schlachtruf geworden: „Boycott! Boycott! Boycott!"

Das spürte auch der Großgrundbesitzer. Bei hellem Tag ließ er die hölzernen Läden vor den Fenstern zu-

ziehen. Doch das Rufen und Schreien der aufgebrach-
ten Menge durchdrang die Mauern. Inzwischen war
der weite, von uralten Ahornbäumen umgrenzte Platz
bis zur letzten Ecke mit irischen Landpächtern und
deren Familien besetzt.

Einige versuchten das Gittertor einzudrücken; sie
zerrten und rüttelten an den Eisenstäben. Weil das
Tor widerstand, schickten sie sich an, es zu über-
steigen.

Ein junger Mann kletterte auf die Mauer neben
dem Eingangstor und hob beschwörend die Arme.
„Freunde!", rief er, „Freunde, hört!" Die Menge beruhigte sich augenblicklich. „Keine Gewalt!", rief der
junge Mann, „keine Gewalt!"

Wie hatten sie alle unter der ausbeuterischen Gewalt des Edlen von Boycott gelitten. In einem Hand-
streich hatte der Lord alles Land rundum in seine
Hände gebracht, das zuvor durch die englische Besat-
zungsmacht enteignet worden war. Als es Widerstand
gab – da oder dort –, hatte Boycott mit Hilfe englischer
Soldaten kurzen Prozess gemacht. Als das erste Blut
geflossen war, gaben die anderen nach. Aus den kleinen Bauern waren über Nacht Pächter auf ihrem
Grund und Boden geworden.

Wir schreiben das Jahr 1879. Die Verelendung des
Landes war auf ihrem Höhepunkt. Wegen der Miss-
ernte dieses Jahres kam zur allgemeinen Armut bereits im Herbst der quälende Hunger. Keiner der Aus-
gebeuteten mochte an den Winter denken.

Dessen ungeachtet mussten die Landpächter den gleichen hohen Zins wie in den Vorjahren leisten. Der Edle von Boycott kannte kein Erbarmen.

Im Gefolge der brutalen Zinseintreiber kamen englische Agenten, die Geld zu einem Wucherzins verliehen. Was blieb den Landpächtern, wenn sie mit ihren Familien nicht verhungern, gar von Haus und Hof vertrieben werden wollten, anderes übrig, als sich noch weiter zu verschulden?

Der junge Mann auf der Mauer, Joe Godshead aus Bottlehill, erhob wieder die Arme: „Ich habe einen Plan, der besser ist als alle Gewalt."

Joe hatte von seinem Vater, der vorzeitig an Schwindsucht gestorben war, den Pachthof und damit einen Berg Schulden übernommen.

Die ganze Familie hatte auf dem bescheidenen Hof Tag und Nacht geschuftet, es aber zu nichts anderem gebracht als zu neuen Schulden. Zins und Zinseszins fraßen ihre Arbeit buchstäblich auf.

Mit Joe, dessen Frau und den drei Kindern lebte noch die Mutter, ein unverheirateter Onkel sowie die Schwägerin, auch ihr Mann war jung gestorben, in der ebenerdigen Behausung mit drei Räumen, direkt neben dem Viehstall.

Für seine Kinder, fünf, sieben und neun Jahre alt, hatte Joe im letzten Jahr einen Anbau aus Lehmziegeln errichtet. Boycott, der davon unterrichtet worden war, hatte sofort den Jahreszins „wegen Wertsteigerung des Objekts" erhöht.

Als sein Vater noch lebte, war in Joe bei jeder

neuen Ungerechtigkeit, die sie ertragen mussten, bitterer Hass hochgekommen. Er träumte nächtelang davon, an Boycott blutige Rache zu nehmen. Doch wenn er dann schweißgebadet aufwachte und seine drei Kinder eng aneinandergekuschelt friedlich auf ihrem Holzgestell schlafen sah, dachte er, es müsse einen anderen Ausweg aus Unterdrückung und Not geben.

„Ich habe einen Plan", rief Joe Godshead den Menschen zu: „Gemeinsam sind wir stärker als alle Gewalt. Die Gewaltlosigkeit wird siegen. Wir werden siegen."

Joe machte eine Pause, hob wieder die Arme, als wolle er die Hunderten segnen, und erklärte: „Mein Plan hat drei wichtige Punkte. Die drei Punkte gehören zusammen:

Erstens: Ab sofort zahlt niemand mehr die Pacht. Keiner tilgt seine Schulden. Niemand zahlt den Zins. Nicht einen einzigen Schilling! Hört ihr? Nicht einen einzigen Schilling! – Was will Boycott gegen uns alle unternehmen?"

„Yeah! Gut!", von allen Seiten kam Zustimmung.

„Zweitens: Wir reden weder mit den englischen Soldaten noch mit den Pacht- und Zinseintreibern ein einziges Wort. Wir betteln nicht um Nachsicht. Wir verhandeln nicht. Wir schweigen."

„Yeah! Sehr gut!", erneute Zustimmung aus der Menge.

„Drittens: das Wichtigste, keine Gewalt. In keinem Fall. Lasst euch nicht provozieren. Wir leisten gewaltlosen Widerstand. Soll einer von uns verhaftet werden, stellen sich alle anderen dazu, die Familie, die Sippe, die Nachbarn ... Gemeinsam sind wir stark!"

„Yeah! Yeah! Yeah!", riefen die Menschen. Sie fielen sich in die Arme, so voller Hoffnung waren sie auf einmal. Von den hintersten Reihen erklang erneut der Ruf, der sich bald zu einem machtvollen Choral steigerte und zum Himmel stieg: „Boycott, Boycott!"

Wo immer die Agenten des Lords auftauchten, wann immer die Zinseintreiber über einen Hof herfielen, standen sie schweigenden Menschen gegenüber. Auch den Soldaten, die Boycott zur Durchsetzung seiner Forderungen zu Hilfe gerufen hatte, wurde keine Beachtung geschenkt. Für die irischen Pächter existierten sie nicht.

Gleichzeitig stellten die Bauern die Versorgung des Militärs mit Lebensmitteln ein, obwohl das für sie die einzige Möglichkeit gewesen wäre, ein bisschen Geld zu verdienen. Der Nachschub aus England klappte nicht; so mussten auch die jungen Soldaten bald hungern. Unzufriedenheit breitete sich in den Kasernen aus, weil die Soldaten auch in den Pubs nicht bedient wurden.

Dem örtlichen Kommandeur blieb nichts anderes übrig, als die Unterstützung Boycotts einzustellen.

An einem nebeligen Novembertag verschwand Boycott mit seiner Familie. Was die Leute davon bemerkten, waren 16 hochbeladene Fuhrwerke, die Fahrt in Richtung auf die Küste, Richtung England nahmen. Das eiserne Tor zum Hofgut des Edlen von Boycott blieb weit offen ...

Bleibt eigentlich nur dieses nachzutragen: Der Boykott armseliger irischer Kleinpächter inspirierte Jahrzehnte später Mahatma Gandhi dazu, sein Volk auf ähnliche gewaltfreie Art vom kolonialen Joch der britischen Krone zu befreien: „Es gibt kein Schicksal, das nicht durch Verachtung überwunden werden kann" (Camus).

Der Mann im Nonnenkloster

Im Pub ging es hoch her. Der Barkeeper hatte Mühe, die Gläser mit Guinness zu füllen, obwohl er an den Zapfhähnen eine virtuose Geschicklichkeit bewies: In zwei Gläser gleichzeitig ließ er die dunkelbraune Brühe fließen, die sofort einen milchigen Schaum entwickelte. Ein kurzer Stopp und dann die Füllung bis knapp über den Rand. Die Empfänger waren jedenfalls zufrieden und die Registrierkasse im Dauereinsatz. Sie war ein älteres Modell. Deswegen klang jede Buchung wie das Rattern einer Singernähmaschine, die auf widerspenstigem Stoff ihre Bahnen zog.

Guinness, das Nationalgetränk, floss in Strömen. Angesichts der fast zehn Millionen Gläser dieses trübbraunen Getränks, die täglich weltweit über den Tresen gehen und die durstigen Kehlen nur kurzfristig zufrieden stellen, fiel der Umsatz in der Wellingtonbar zu Dublin nicht sonderlich ins Gewicht. Und doch hatte es einen wichtigen Grund, dass dem „Wein des Landes" an diesem Abend im besonderen Maß zugesprochen wurde.

An die dreißig Männer aus dem Wohnviertel um die Marrowbone Lane, ganz in der Nähe der Guinness-

Brauerei, hatten sich versammelt, um die Heimkehr von Little John zu feiern. Vor zehn Jahren hatte er seinen Stammplatz im Wellington aufgegeben.

„Das Schlimmste im Kloster war, dass ich auf meine tägliche Ration verzichten musste, bis ..." Little John hob das gefüllte Glas, ohne den angefangenen Satz zu vollenden, und alle Männer sahen sich gezwungen, einen kräftigen Schluck zu nehmen, „... bis sich Mutter Oberin", Little John kicherte, an ihm war offensichtlich die Wirkung von zehn, zwölf Gläsern Bier nicht spurlos vorübergegangen, „... bis sich Mutter Oberin wegen notorischem Geldmangel in der Kasse entschloss, die aufgelassene Klosterbrauerei wieder in Schwung zu bringen. – Als ‚Braumeisterin' hatte ich eine Sonderstellung und ich konnte täglich ..."

Little John nahm einen Schluck und dreißig Männer, die meisten mit einer grauen flachen Schildmütze auf dem Kopf, wie es im Viertel üblich war, folgten seinem Beispiel. Dann stellten dreißig Männer ihr leeres Glas auf die Theke. Peel hinter dem Tresen bemühte sich, den Saft aus dunklem Malz, Hopfen, Hefe und vor allem Wasser schnellstens wieder in die Gläser zu bringen.

„Mutter Oberin", quäkte Tommy. „Das ist ein Spaß!"

„War ich im Kloster oder du?" Little John schien ein wenig ärgerlich. Doch die anderen Männer, die ihr Guinness bereits wieder in der Hand hielten, drängten: „Weiter! Weiter! Erzähl schon!"

„Bier brauen! Da war meine Stunde gekommen",

setzte Little John seinen Bericht mit sichtbarer Begeisterung fort. „Nicht umsonst hatte ich meine Lehre beim alten Arthur Guinness, Gott habe ihn selig, ganz gut zu Ende gebracht. In der ehemaligen Klosterbrauerei gab es alles, was ich brauchte. Die Gerste habe ich mir in der Firma besorgt", Little John machte eine eindeutige Handbewegung, „und sie, wie es vorgeschrieben ist, mit Wasser zum Keimen gebracht, und dann wieder getrocknet. Gemälzt, wie wir Brauer sagen."

Little John warf sich in die Brust und nahm einen Schluck.

Obwohl die anderen, meist aus eigener Erfahrung, wussten, wie das Guinness gebraut wurde, lauschten sie, als hörten sie es zum ersten Male.

„Dann habe ich das Malz unter Hilfe von zwei Schwestern", Little John kicherte wieder „hört ihr, zwei Schwestern, gemahlen, in die Kieves gefüllt und mit heißem Wasser übergossen. Nach einiger Zeit musste ich die entstandene Würze herausfiltern, mit Hopfen versetzen und kochen. Dann noch die Hefe dazu. Die bringt die Gärung. Aus Zucker wird Alkohol."

„Alkohol, den wir so lieben!" Little John schnalzte mit der Zunge und bestellte sich ein neues Glas. Die Männer folgten seinem Beispiel und schauten Peel zu, der ihre Gläser in zwei Zapfgängen bis an den Rand füllte. Ein beruhigendes Ritual. Braunweißer Schaum stieg hoch, klärte sich, und schon war das Bier bereit, in den allzeit durstigen Kehlen zu verschwinden.

„Ja, unser Stout", quäkte Tommy. „Auf der ganzen Welt gibt es nicht …"

„Ein Hoch unserem Braumeister!" Die Männer feierten Little John und einige von ihnen mussten schon wieder nachfassen.

„Braumeisterin", verbesserte Little John. „Denn bis zu meinem Schicksalstag am 1. November wusste niemand im Kloster, dass ..."

„... dass du ein Mann bist." Dreißig Stimmen grölten diesen Satz wie aus einem Munde und schlugen sich begeistert auf die Schenkel. Diese Erkenntnis musste mit einem kräftigen Schluck begossen werden.

„Also schön der Reihe nach." Little John verschaffte sich Ruhe: „Die Nacht auf den 1. November ist nicht ohne."

Die Männer nickten.

„Da sind die Geister los. Die guten und die bösen. Ich machte der Mutter Oberin den Vorschlag, die Ängste der Schwestern", Little John kicherte, „die Ängste meiner Mitschwestern in dieser Nacht durch eine ordentliche Ration Bier zu lindern. Das Kloster verdiente ganz schön an meiner Kunst. Aber zu meinem Leidwesen wurde das meiste Bier, das ich braute, ausgeliefert. Nur an Festtagen gab es zum Nachtmahl ein oder auch zwei Krüge davon."

Little John sah betrübt auf sein leeres Glas, das einer seiner Zuhörer schnell gegen ein volles austauschte, um den Bericht nicht zu unterbrechen.

„In jener Nacht der Geister muss mich der Teufel geritten oder ein böser Geist getroffen haben, denn ich war schon vor Mitternacht so besoffen, dass mich meine Mitschwestern in meine Zelle bringen mussten.

Und da haben sie ..."

„... da haben sie entdeckt, dass du ein Mann bist."
Die Männer johlten und klatschten sich auf die Schenkel; vergaßen aber nicht, zugleich ein neues Guinness zu bestellen.

„Zehn unvergessliche Jahre im Kloster", sinnierte Little John. „Mir ging es gut wie noch nie in meinem Leben. Alles hatte seine Ordnung. Das Essen passte. Und dann ausgerechnet das Guinness!"

Wieder johlten die Männer und prosteten sich zu.

„So lange hat niemand etwas gemerkt?", fragte Tommy mit seiner quäkenden Stimme, die er von seinem verunglückten Stimmbruch zurückbehalten hatte: „Zehn Jahre. Keine der ehrwürdigen Nonnen hat es gemerkt?"

Little John stellte sich auf das Holzpodest, das für die Musiker, die dreimal in der Woche hier aufspielten, bestimmt war, und erzählte der Reihe nach:

„Ihr wisst, wie dreckig es mir damals ging. Ich war wegen, na ihr wisst schon, ich war aus der Brauerei rausgeflogen. Keine Arbeit weit und breit. Eine Zeit lang konnte ich da und dort anschreiben lassen. Dann war auch das vorbei. Meine Mutter weigerte sich, auch nur noch ein einziges Pfund lockerzumachen, ich sei ihr schon viel zu lange auf der Tasche gelegen. Der missmutige Kerl hinter dem Zapfhahn hatte mir das letzte Glas herübergeschoben, das letzte, hört ihr, als einer sagte: Geh doch ins Kloster. Da bist du deine Sorgen und deine Schulden auf einen Schlag los.

In dieser Nacht musste ich nüchtern in meine kalte

Schlafkammer zurück. Meine Mutter wunderte sich, dass ich so früh nach Hause kam, und keifte hinter mir her. Aber der Gedanke an das Kloster ließ mich nicht mehr los. In dieser Nacht nicht und nicht in den nächsten Tagen.

Da traf ich auf dem Markt, ich half einem Gemüsehändler für ein paar Cent die Kisten wegzuschleppen, eine Nonne. Sie kaufte Krautköpfe ein und sah aus wie, ja wie ein Mann, sah sie aus. Sie hatte strähnige Haare, die unter ihrer Haube herausragten, ein grobknochiges Gesicht, und eine Stimme, eine Stimme sage ich euch, wie aus der Unterwelt.

Hei, da war es um mich geschehen. Am nächsten Tag bewarb ich mich in den Kleidern meiner Mutter bei den „Dienerinnen von St. Joseph" in der Haddington Road, weitab von meinem bisherigen Revier."

Little John sah sich triumphierend um: „Ich hatte Glück, ich wurde genommen! Die Mutter Oberin brauchte jemand für den Garten. Ich schien ihr der …, ich schien ihr die Richtige zu sein!

Alles andere kam dann wie von selbst. Manchmal glaubte ich, dass ich das alles nur träumte. Aber es war Wirklichkeit. Ich wurde feierlich eingekleidet. Ihr kennt ja die altmodische dunkelblaue Tracht, über die sich die Kinder lustig machen. Aber in dieser Tracht musste ich mir keine Sorgen mehr machen, dass man mich als Mann erkennen könnte.

Am Abend der Einkleidung gab es sogar einen Schluck Whiskey nach dem Nachtmahl. Nicht schlecht, dachte ich, nicht schlecht. Ich wurde eine fromme

Schwester, auch wenn ich bei den Gebetszeiten regelmäßig einschlief. Zu meiner Beruhigung merkte ich bald, dass auch einige meiner Mitschwestern gelegentlich ganz schön laut schnarchten. Da fielen meine kräftigen Atemzüge nicht sonderlich auf."

„Und keine hat gemerkt ...?" Es war wieder Tommy, der Jüngste in der Runde, der die Frage stellte, die alle Männer bewegte.

Little John sah ihn unwirsch an: „Soll ich erzählen oder willst du weitermachen? Wer war im Kloster, du oder ich?"

„Weiter, weiter!", drängten die Männer, die bereits wieder ein neues Glas Guinness in der Hand hatten.

„Einmal wurde ich, es war nach den ersten Gelübden ..."

„Gelübde? Du hast doch nicht etwa Gelübde ...?", fragte Padraig ungläubig.

„Na selbstverständlich! Und es wurde ein großes Fest, kann ich euch sagen, all die Jahre hatte ich darauf gewartet, dass auch ich ausersehen würde, als ich mit drei anderen, mit Fanny, Anna und Edna, für drei Jahre Armut, Keuschheit und Gehorsam gelobte ..."

„Keuschheit", quäkte Tommy.

„Ja, Keuschheit gelobte", fuhr Little John ungerührt fort: „Schließlich habe ich mir noch nie etwas aus Männern gemacht. Das passt doch wohl!"

Er schaute in die Runde und die Männer grinsten zustimmend. „Dabei wurde auch mein neuer Name bestätigt, den ich schon bei der Einkleidung bekommen hatte."

„Neuer Name?"

„Ihr habt ja keine Ahnung. Seid ihr etwa Heidenkinder? Wer in ein Kloster eintritt, macht nicht nur einen Strich hinter sein bisheriges Leben, er bekommt auch einen neuen Namen. Fanny wurde zu Thekla, Anna zu Lioba und Edna zu Rosa."

„Und du?" Tommy konnte es kaum erwarten.

Little John reckte sich auf: „Mary. Ich hieß fortan Schwester Mary. Ehrwürdige Schwester Mary, versteht sich."

Keiner in der Runde wagte zu lachen.

„Unglücklicherweise hatte die Küchenschwester Sofia sich ein kleines Lager von Whiskey angelegt. Nach der Gelübdefeier in der Kapelle, sogar der Weihbischof war gekommen, raunte sie mir zu, das müsse doch begossen werden. So saßen wir am Abend in der dunklen Ecke am Herdfeuer der Küche zu fünft beisammen und tranken auf unsere neu gewonnene Heiligkeit. Vielleicht waren es ein paar Gläschen zu viel. Jedenfalls wurde ich zur Mutter Oberin gerufen."

„Mutter Oberin. Mutter Oberin!"

Unter dem Jubel und Geschrei der bereits deutlich angetrunkenen Männer lief Little John zur Hochform auf. Er bestieg erneut das Podest der Musikanten und sprang darauf hin und her wie auf einer Theaterbühne. Mit wechselnden Stimmen spielte er das gestrenge Verhör durch die Klostervorsteherin nach.

„Ehrwürdige Schwester Mary. Fast zehn Jahre haben wir Sie geprüft, ob Sie tauglich seien für das Leben im Kloster. Wir haben uns die Entscheidung nicht leicht gemacht. Gestern nun haben Sie den Namen der größten Frau, die die Menschheit je hervorgebracht hat, in den heiligen Gelübden bestätigt bekommen. Maria, die heilige Jungfrau, ist ihre große Patronin."

„Ich weiß das zu würdigen, ehrwürdigste Mutter, obwohl ich nicht würdig bin, diesen wunderbaren Namen zu tragen. Ja, ich bin nicht würdig."

„Wie wohl, wie wahr, ehrwürdige Schwester. Habe ich richtig vernommen, dass Sie und die neuen Mitschwestern am Abend der feierlichen Gelübde, hmm, hmm, sagen wir, dem Whiskey ein wenig, hmm, hmm, ein wenig viel zugesprochen haben?"

„Sozusagen, ehrwürdigste Mutter. Es war die Freude über das heilige Ereignis, das Schwester Sofia für wert und wichtig hielt, ein Gläschen darauf zu trinken."

„Ein Gläschen?"

„Ehrwürdigste Mutter, bedenken Sie, es gab vier Gelübde zu feiern. Das von Schwester Thekla, dann das von Schwester Rosa, dann das von Schwester Lioba ..."

„Und dann das von Ihnen, ehrwürdige Schwester Mary, wollten Sie wohl noch sagen?"

„Gewiss, gewiss!"

„Also vier Gläschen?"

„Sie dürfen Schwester Sofia nicht vergessen, es galt ja auch ihre Gelübde zu erneuern!"

„Aber es ist nicht bei diesen fünf Gläschen geblieben!"

„Das lag an dem Whiskey, den Schwester Sofia glücklicherweise auf Lager hatte."

„Sagen sie bloß, ehrwürdige Schwester, dass sie etwa Jameson getrunken haben?"

„Ich bewundere Ihren Geschmack, ehrwürdigste Schwester Oberin: Ja, Jameson war es, the Spirit of Ireland! Das ist ein Stöffchen! Unsere Schwester Rosa weiß, was gut ist."

„Lassen wir das. Lassen wir das, Schwester Mary. Ich habe noch eine andere Frage. Sie ist zugegeben ungewöhnlich, fast peinlich. Aber ich, aber ich …"

„Reden Sie ruhig, ehrwürdigste Schwester Oberin. Oder sollten wir doch zuvor ein Gläschen Jameson nehmen? Ich denke, Schwester Sofia wird noch ein kleines Restchen davon haben."

„Nein, bleiben Sie, Schwester Mary. Zufällig habe ich hier noch etwas in der Flasche. Sie wissen, wenn Gäste kommen. Gastfreundschaft ist eine große irische Tugend."

„Eine große irische Tugend!"

„Zum Wohl, Schwester Mary!"

„Auf Ihr Wohl, ehrwürdigste Mutter."

„Also, was ich fragen muss – es gehört zu meinen Aufgaben – fragen muss, weil eine Mitschwester … wir sollten uns noch ein Gläschen genehmigen."

„Ja, wir sollten es!"

„Zum Wohl, Schwester Mary!"

„Auf Ihr Wohl, ehrwürdigste Mutter."

„Also um es rundheraus zu sagen: Es wird behauptet, Schwester Mary, Sie seien, hmm, hmm, ein Mann!"

„Ein Mann? Wer darf so etwas Schreckliches behaupten, ehrwürdigste Mutter?"

„Schwester Pia berichtete mir, sie habe nur so in Ihre Zelle geschaut und gesehen, dass Sie sich, dass Sie sich, hmm, hmm, ra-sie-ren!?"

„Also darauf habe ich noch einen nötig!"

„Ich auch! Zum Wohl, Schwester Mary!"

„Auf Ihr Wohl, ehrwürdigste Mutter."

„Eine Unverschämtheit von Schwester Pia, denke ich, Schwester Mary?"

„Ja, eine Unverschämtheit, ehrwürdigste Mutter. Vor allem wenn ich bedenke, dass Schwester Pia selber mindestens einmal in der Woche ihre Haare aus dem Gesicht ... und erst Schwester Eulalie! Ist Ra-sie-ren etwa ein Beweis?"

„Ich weiß, ich weiß, Mary. Wir sollten ..."

„Ja, wir sollten noch ein Gläschen trinken. Ich verstehe jetzt, ehrwürdigste Mutter, warum es dem Kloster unter Ihrer klugen und weisen Führung so gut geht."

„Dann sollte ich auch nicht wegen des Klodeckels ...?"

„Sollten Sie nicht! Ehrwürdigste Mutter Oberin, sollten Sie nicht!"

„Zum Wohl, Schwester Mary!"

„Auf Ihr Wohl, ehrwürdigste Mutter."

Little John hielt in seinem Spiel inne. Er konnte nicht mehr, denn die Männer schrien und tobten wild durcheinander: „Zum Wohl, Schwester Mary!" – „Auf Ihr Wohl, ehrwürdigste Mutter."

Das Geschrei und das Lachen verstummten erst, als im Lokal ein Tablett mit Jameson die Runde machte.

Little John war noch einmal auf die kleine Bühne gesprungen: „Auf euer Wohl, liebe Schwestern!"

„Auf Ihr Wohl, ehrwürdige Schwester Mary."

Auf dem Mess-Pfad, dem Weg des Glaubens

Er lugte aus dem Felsspalt. Vorsichtig wie ein erfahrener Fuchs witterte er nach allen Seiten. Nebel war aufgezogen. Dichte Schwaden, die nur kurz die Sonne durchdringen konnte.

Der hagere Priester kroch nun ganz aus der Spalte, die in eine kleine Höhle führte. Tief drinnen geborgen, hatte er auf einer Strohschütte übernachtet. Er rieb sich die Hände. Es war kalt geworden in dieser Nacht. Vorsichtig bewegte der etwa 50-Jährige seine Glieder, als seien sie zerbrechlich.

Für einen Moment zuckte der Priester zusammen. Ein dunkler Schatten durchbrach den Nebel.

„Ich bin es, Father Jeromy. Ich bin es, O'Brian!" Der drahtige Mann sprang in den kleinen Steinkreis, der den Mass-Rock umgab. Neun ungleiche Steine waren um eine große, fast waagrecht liegende Felsplatte angeordnet. Nur für Eingeweihte ein erkennbares Zeichen.

„Es tut mir in der Seele weh, dass Sie hier übernachten mussten, Father Jeromy. Aber die Engländer ...!"

Der Priester rieb sich noch immer die klammen Hände.

„Wann werden wir die Messe feiern?"

„Passt es um drei am Nachmittag? Dann kann ich den Sheepshead noch verlassen, bevor die Sonne untergeht."

„Ich benachrichtige die Brüder." O'Brian war im Nebel verschwunden, bevor der Priester noch etwas sagen konnte.

„Die Engländer haben den Vertrag von Limerick gebrochen und großes Unheil über Mensch und Land gebracht." Halblaut murmelte der Priester die Sätze vor sich hin, als müsse er das Unrecht, das den Katholiken seither angetan wurde, aussprechen. Oder wollte er im Selbstgespräch nur seine Einsamkeit überwinden?

„... Sie hindern uns an der Ausübung unseres Glaubens, als seien wir Verbrecher. Wir dürfen kein Land besitzen, keine Rinder, keine Schafe, höchstens ein paar Ziegen. Man schließt uns von den Wahlen aus. Gottesdienst feiern wir nur im Geheimen ..."

Jeffe O'Brian, der größte Landbesitzer und Viehzüchter auf der Halbinsel, war mit seiner ganzen Sippe zur englischen Staatskirche übergetreten. „Was bedeutet schon ein Stück Papier", hatte er vor Jahresfrist den Priester beruhigt: „Es bleibt alles beim Alten."

Father Jeromy wollte den unbehaglichen Gedanken abschütteln: Kann man um des Glaubens willen den Glauben verleugnen? Heiligen der Zweck und die gute Absicht, so etwas wie ein Patron für die wenigen Katholiken auf dem Sheepshead zu sein, den Abfall?

Der Priester überlegte: O'Brian war ein absolut sicherer Gewährsmann. Er hielt die anderen Farmer, die weiter draußen mehr hausten als wohnten und mit ihren großen Familien mühsam das Leben fristeten, zusammen. Er unterstützte sie, wo er nur konnte. Die Engländer kümmerten sich nicht um die Hungerleider am Rande der Welt, weil von ihnen nichts zu holen war.

Jeromy nahm das verschlissene Messbuch zur Hand, das ebenfalls in der Felshöhle versteckt war, um die Messe vorzubereiten. Wenn er unterwegs war, wirkte er, um sich nicht zu verraten, wie ein Händler, der Schafe oder Wolle aufkaufte.

Für diesen Tag war aus dem Lukasevangelium das Wort vorgegeben: „Fürchtet euch nicht vor denen, die den Leib töten, euch aber sonst nichts anhaben können" (12,3).

Ein warmes Gefühl überflutete den einsamen Priester auf seinem verlorenen Posten: Das ist genau das Wort, das er jetzt brauchte. Ihn fror nicht mehr und die Sonne schickte sich an, den Kampf gegen den Nebel zu gewinnen.

Der Priester holte den goldenen Kelch aus der Höhle und stellte ihn mit einem winzigen Fläschchen Wein auf die Felsplatte. Für das Brot würde O'Brian sorgen und auch für die Kerzen, die ihm ausgegangen waren.

Jetzt, gegen die Mittagszeit, war es warm geworden am Sheepshead. Jeromy breitete auf einem Tuch seine bescheidenen Schätze aus: zwei gekochte Kartoffeln, ein Schälchen Schafskäse und einen Kanten Brot.

Während er bedächtig aß, verwarf er den Gedanken, die Lukasstelle für seine Predigt zu nehmen.

Würde er die armen Leute nicht eher aufrichten, wenn er von den Seligpreisungen Jesu erzählte? Wer weiß, ob und wann in diesen schweren Zeiten er hier wieder Messe feiern würde? „Ermutigen muss ich sie, ermutigen!", sagte er entschlossen zu sich.

In seine Überlegungen platzte Tommy, der Hirtenjunge der O'Brians: „Das Brot für die Messe", sagte er knapp, „und etwas zum Essen für Sie." Etwas umständlich kramte er die Sachen aus dem ledernen Sack, den er über der Schulter getragen hatte.

Tommy zögerte einen Moment. Dann stellte er zu allem eine kleine Flasche: „Whiskey ...!" Und nach einigem Zögern: „Ich habe ein bisschen probiert."

Father Jeromy musste lachen: „Das brauchst du nicht zu beichten."

„Die andern werden pünktlich sein, um drei." Tommy sprang in weiten Sätzen über die Weide. Unten an den Klippen brachen sich weiß gischtend die Wellen des Atlantik. Die Flut lief auf.

Das wollte der Priester den einfachen Menschen sagen: „Jesus will euer Glück. Wir alle spüren jetzt sehr wenig davon. Im Gegenteil. Die Seligpreisungen sagen uns, dass wir den Traum von einer besseren Welt nicht aufgeben sollen.

Ganz bewusst hat sich Jesus an euch gewandt. An die Armen. An die Niedergedrückten. An die Verfolgten. Er hat nicht gesagt, dass ihr euch unterdrücken lassen sollt, um irgendwann später selig zu werden.

Jesus sagt, die Ordnung, die uns die Engländer aufgezwungen haben, ist eine Unordnung, ein bitteres Unrecht. Euch sagt er: Die Verlierer von jetzt sind nicht die endgültigen Verlierer. Das Reich Gottes ist bereits unter euch, weil ihr glaubt, wie ihr glaubt. Vor allem, wie ihr einander beisteht.

Schon jetzt ist etwas von dem Glück in euch. Achtet aufeinander. Helft einander. Tröstet einander. Dann könnt ihr dieses Glück spüren. Es lässt sich nicht aufhalten durch Soldaten oder Waffen …"

Der Priester hörte Stimmen. Kinder waren die ersten, die ihm die Hand küssten, dann ihre Mütter, die Frauen. Die Männer kamen ganz zum Schluss. Bis zum letzten Moment hatten sie sich nach allen Seiten versichert, dass kein Uneingeweihter diese Versammlung bemerkte.

Schweigend standen etwa vierzig Menschen in ihrer einfachen Kleidung um den Mass-Rock. Der übergroße Pullover aus ungebleichter Schafwolle war ihr einziger Stolz.

Jetzt kam auch O'Brian mit seiner Familie.

Die Messe kam zu ihrem Ende. Father Jeromy brach das Gerstenbrot der O'Brians in Stücke und steckte etwas davon allen in den Mund.

„Der Leib Christi." – „Amen."
„Der Leib Christi." – „Amen."

Der Priester folgte seiner plötzlichen Eingebung und reichte auch den kleinen Kindern ein Stückchen. Wer weiß, wann es dazu wieder eine Gelegenheit geben würde. Und sind die Kinder nicht die Ersten, denen das Himmelreich von Jesus versprochen wurde?

„Der Leib Christi." – Und nach dem Beispiel der Erwachsenen sagten sie wie selbstverständlich „Amen".

Es folgte der Segen: „Ite missa est!" – „Deo gratias!"

Jeffe O'Brian holte aus seinem Rucksack eine Flasche. Die Farmer schnalzten mit der Zunge. Auch ihre Frauen nahmen einen kräftigen Schluck. Ein Hauch von Fröhlichkeit breitete sich über den Platz aus, auf dem sich das Heidekraut anschickte, seine rotvioletten Blüten läuten zu lassen.

„Sie kommen, sie kommen!" Tommy sprang in großen Sätzen den Hügel herunter, auf dem er Wache gestanden hatte. Ein halbes Dutzend Schafe in seinem Gefolge.

O'Brian packte den Priester an der Schulter: „Los! Wir treffen uns unten am Meer, am Rock of Freedom. Schnell. Wir räumen hier inzwischen auf."

Wenig später lag der Mass-Rock verlassen in der späten Nachmittagssonne. Sechs, sieben Schafe mit ihren schwarzen Köpfen grasten friedlich in seiner Nähe.

Den ganzen Menschen retten

„Es ist dir verboten, im Namen Gottes zu heilen. Es ist dir verboten, im Namen der Erdgeister zu heilen. Es ist dir verboten, im Namen der Zwischenwesen zu heilen." Wie Flüche kamen die Sätze stoßweise aus Father O'Callagan heraus. So als hätte er das, was er dem Schäfer von Depart O'Dea entgegenschleudern wollte, zu Hause vor dem Spiegel ausprobiert.

Der Schäfer zeigte sich von den lautstarken Verboten, die wie Hammerschläge durch das düstere Dunkel der Kirche hallten, unberührt. Der Priester hatte ihn am Vorabend von Allerheiligen in das Gotteshaus bestellt. In einer Umgebung, in der er sich sicher fühlte, wollte er seinen Worten einen besonderen Nachdruck verleihen.

Ernan, der Heiler, wandte sich zum Gehen: „Ist das alles, was du mir zu sagen hast?"

Was wusste der Priester, der in Rom Ausbildung und Weihe erfahren hatte, vom geheimnisvollen Zusammenwirken der Mächte oberhalb und unterhalb unserer Welt? Was wusste er vom Einfluss der Erdgeister und Feen, die das Leben der Menschen von der Geburt bis zum Tod begleiteten? Was wusste der von den Zwischenreichen? Zwischen Himmel und Erde gibt es mehr, als die Menschen wissen oder ahnen.

„Du magst in deinen vier Jahren viel gelernt haben zu Füßen des Papstes", meinte Ernan, „das Wesentliche hast du über deinen Studien vergessen: die Weisheit unseres Volkes."

Die Kirchentüre schnappte mit einem kurzen Seufzer ins Schloss.

O'Callagan biss sich auf die Lippen.

Rom. Hellsichtig hatte Ernan seinen wunden Punkt getroffen. Anfangs hatte er sich gegen die nüchterne, verrechtlichte Theologie in der Ewigen Stadt gewehrt. Doch mehr und mehr hatte er nachgegeben. Und doch spürte er, wie eng für seinen Geist, vor allem für seine Seele, dort die Grenzen gezogen worden waren.

Der Priester erinnerte sich an das Wort seines Bischofs in Cloyne, unter dem er als junger Mann zum Weiterstudium nach Rom geschickt worden war: „Unsere Kirche braucht nüchterne Menschen wie dich, damit die wahre Lehre Jesu gegen den keltischen Aberglauben verkündet werde."

O'Callagan hatte seine Zweifel: Brauchten die Menschen hier einen Priester wie ihn? Einen Priester, der nicht mehr ihre Sprache sprach, nicht mehr ihre Gefühle teilte, nicht mehr ihren Erfahrungen traute, nicht mehr auf die Gegenwart der Ahnen vertraute?

Der Priester erschrak. In der dunklen Kirche hörte er sein Herz klopfen. Er war ein Fremder geworden im eigenen Land.

Kirchenrecht hatte er studiert und in diesem Fach

den Doktortitel errungen. Dogmatik. Moral. Pastoral war in Rom zu kurz gekommen.

Mit seinem römisch-christlich gewordenen Denken kam er weder an die Herzen noch an die Seelen der Menschen heran, für die er seit über vier Monaten Pfarrer war. Sonntags war die Kirche bis auf den letzten Platz gefüllt. Doch kaum einer aus der Gemeinde suchte das Gespräch mit ihm.

Der notwendige Umgang mit ihm bei den Gottesdiensten, Taufen und Hochzeiten, selbst bei den Beerdigungen, waren von einer würdevollen Gleichgültigkeit geprägt.

„Und jetzt noch dieser Ernan, der Schäfer von Depart O'Dea. Die Leute laufen aus allen Richtungen zu ihm." Der Priester hatte seinen letzten Gedanken laut und voller Enttäuschung in das Gotteshaus gesprochen.

O'Callagan macht die Andeutung einer Kniebeuge in Richtung Tabernakel und verschloss dann die beiden Türen der Kirche von außen.

Auf dem Friedhof, der das Gotteshaus umgab, blieb der Priester lange stehen.

✠

Vom bescheidenen Cottage des Schäfers, es bestand nur aus einem einzigen Raum mit Feuer- und Schlafstelle, bis zum Steinkreis waren es nur wenige Schritte.

Ernan führte seinen Besucher in die Mitte. Der zentrale Stein war im Laufe der Jahrtausende verschwunden.

„Leg dich auf den Boden!"

Ernan hob die Beine des Liegenden an und drehte dessen Körper so, dass die Füße nach Westen zeigten. Dort stand der kleinste von den neun Steinen, die den Kreis bildeten.

„Lauschen wir, was uns die Erdgeister zu sagen haben."

Der Besucher lag ruhig auf dem Boden. Die Schritte des Schäfers entfernten sich. Ernan begann den Steinkreis links herum zu umschreiten. Neunmal tat er das in seiner bedächtigen Art.

Die Welt ist durch den steten Rhythmus gezeichnet. Der Mond umkreist die Erde nach genauem Plan. Seine Zeichen waren genauso im Steinkreis markiert wie der Lauf der Sonne bei ihrem Weg durch das All. Dazu tanzten die Sterne am Himmel ihre vertrauten Weisen. Wer wirklich hinhörte, konnte ihre Melodien vernehmen.

Alles ist Rhythmus und alles ist Gesang. Das menschliche Leben ist in diese kosmische Bewegung verwoben, nicht nur in seinem Kommen und Vergehen. Die wahren Dinge ereignen sich nicht im sichtbaren Bereich.

Zwischen Himmel und Erde und allem, was unter der Erde ist, gibt es geheimnisvolle Zusammenhänge, die sich dem Achtsamen enthüllen. Dem Verstand bleiben sie fremd. Der Eingeweihte weiß, worauf er hören und wonach er suchen muss.

Ernan hatte seinen mystischen Gang um den Steinkreis vollendet. Der Schäfer beugte sich, halb kniend, zu dem Liegenden herab, legte ihm die Hände auf Kopf und Brust: „Es wird alles gut, haben die Erdgeister mir zugesprochen."

Ernan hob wieder die Beine an, bewegte sich im Halbkreis nach rechts, sodass sie nach Osten zeigten: „Steh auf! Die Feen des Todes haben noch keine Macht über dich."

Der Fremde erhob sich und atmete tief. „Ich muss mich noch vorstellen."

„Tut es was zur Sache?"

„… dann gestatte wenigstens die Frage: Was darf ich dir geben für deine Hilfe?"

Ernan antwortete: „Das, was ein Schaf an Gras frisst in dieser Zeit. Nichts. Was ich verschenke, haben mir zuvor die Erdgeister geschenkt."

✣

Die Nacht war schon seit einer guten Stunde über das Land hereingebrochen, als es an der Türe klopfte.

„Sieh an, Father O'Callagan?!"

„Entschuldigung, dass ich so spät komme; aber ich wollte nicht, dass mich jemand sieht", kam es etwas unsicher aus dem Priester heraus.

„So ist das?" Ernan wollte die Türe schließen, doch der Priester war schneller: „Wir sollten miteinander reden."

Ernan machte eine einladende Handbewegung und gab den Eingang frei.

Auf dem Tisch standen drei Kerzen, im Dreieck aufgestellt, und warfen einen milden Schein in den Raum. Im offenen Kamin schwelte das Torffeuer.

Da klopfte es erneut. Unter der Türe stand Victor, der Junge von der Nachbarfarm: „Ich soll dich fragen", stotterte der Junge, „ich soll dich fragen, wie weit es mit Oma Kelly ist?"

„Sag ihr, sie soll ihr Lager im westlichen Zimmer aufschlagen. Ich hörte die Feen des Todes rufen."

Schnell wie er gekommen, war der Junge verschwunden. Ernan sah ihm in der offenen Türe lange nach. Dann trat er zu den Kerzen an den Tisch und murmelte, aber der Priester konnte jedes Wort verstehen:

„Gesegnet sei dein Abschied, Kelly, aus dieser Welt.
Freundliche Feen mögen dich in die Arme nehmen
und dich zum Eingang jenseits aller Zeiten tragen.
Lug wird dich begrüßen, Jesus Christus dich emp-
fangen und zum Vater aller Menschen bringen.
Nach Hause. Amen."

„Lug, der Lichtgott?!" – Der Priester konnte seine Erregung nicht verbergen. „Ich ahnte es, nein, ich weiß es, du bist kein Christ. Du bist ein Kelte geblieben, obwohl das Wasser der Taufe über dich geflossen ist."

Der Schäfer blieb gelassen: „Singen wir Christen nicht: ‚Jesus, Sonne der Gerechtigkeit?' Lug, der Gott unserer Ahnen, und Christus, der Erlöser der Menschen, sind eins. Das zeigt doch das Zeichen, das unsere Siedlungen und Friedhöfe prägt: Die Sonne umschließt das Kreuz zu einem heilsamen Symbol.

Wozu bist du gekommen?"

Der Priester hatte seine Sicherheit verloren.

„Das ist der große Unterschied zwischen dir und mir, zwischen dem keltischen und dem römischen Christen: Ich lebe in der Tradition unserer Ahnen, die sich längst mit dem Evangelium Jesu verbunden hat. Das war vor Generationen wie eine heilige Hochzeit.

Du hast dich davon gelöst. Du hast in Rom die Treue gebrochen und damit deine Wurzeln verraten. Deswegen fühlst du nicht mehr mit dem Herzen. Du denkst mit deinem Kopf und kommst doch nicht weit damit."

Nach einer kleinen Pause fügte der Schäfer hinzu: „Wer seinen Schwerpunkt im Kopf hat, kann keinen festen Stand haben."

Ein langes Schweigen herrschte zwischen den beiden ungleichen Menschen. Je mehr die Sympathie Ernans zum Priester wuchs, desto mehr verflüchtigte sich dessen Feindseligkeit.

„Könnten wir nicht voneinander lernen?" Der Priester suchte einen Weg: „Ich von dir? – Vielleicht habe ich ja auch einiges, was ich dir schenken könnte?"

„Ist es nach deinem Glauben nicht auch so, dass das Reich Gottes dort entsteht, wo Menschen sich die Hand reichen und Frieden schließen?", fragte Ernan versöhnlich.

„Und ist es nicht in deiner Welt so", fragte der Priester zurück, „dass Gott dort wirkt, wo ein kranker oder ein gekränkter Mensch heil und gesund wird?"

O'Callagan überlegte, wie er möglichst einfach weitersprechen sollte: „Du hast recht, Ernan. Die Erlösung muss den ganzen Menschen umfassen. Leib und Seele gehören zusammen. Himmel und Erde gehören zusammen. Der ganze Mensch muss es sein. Es gilt nicht Seelen zu retten, sondern den ganzen Menschen."

Der Schäfer nahm den Priester an der Hand: „Gehen wir, um Abschied von Oma Kelly zu nehmen. Sie ist gerade heimgegangen."

Straßenkehrer
zwischen den Fronten

Tom führte während der Arbeit Selbstgespräche. Mal laut, so dass Passanten dachten, er habe sie angesprochen, und ein wenig unsicher stehen blieben, mal so leise, dass er sich fast selbst nicht verstehen konnte.

„Belfast war einmal die schönste Stadt Irlands", konnte man ihn sagen hören oder: „Was sage ich? Die schönste Stadt der Welt, denn wir haben die besten Pubs, die man sich vorstellen kann, das ‚Crown', den ‚Robinson', das ‚Lavery's'. Tom schwelgte bei diesen Namen und seine Kehle freute sich auf das Guinness nach der Arbeit.

Tom, dem Protestanten, war der Straßenzug zwischen dem Viertel der Katholiken und der Protestanten zugewiesen worden. Schon seit Jahren reinigte er die eineinhalb Kilometer lange Verbindung, die in den letzten Wochen wieder in die Schlagzeilen der Presse geraten war.

„Das waren noch Zeiten, als ich am Tag nicht mehr als einen Karren Dreck zusammenbrachte. Auf der ganzen langen Straße. Rechts hinunter und links hinauf", sinnierte Tom.

Auf der rechten Straßenseite gingen die Kinder der Protestanten zur Schule. Links die der Katholiken. Tom liebte die Kinder, auch wenn sie gelegentlich ihren Spaß daran hatten, mit ihren geschickten Füßen eine Bierdose von einer Seite auf die andere zu schießen.

Auf diese Weise kämpften die katholischen Kinder der St.-Josephs-Schule gegen die Kinder, die in der Queen-Mary-Schule zu guten Protestanten erzogen wurden. Zu nahe kamen sich die Kinder der beiden Seiten nie. Nur ganz am Ende mussten die Katholiken die trennende Straße überqueren, um über einen schmalen Weg, der bereits im Protestantenviertel lag, in ihre Schule zu gelangen. Meist stand an dieser Stelle ein Polizist und beobachtete den Zug der Schülerinnen und Schüler in ihrer Schulkleidung.

„Es gibt keine Fremden in Belfast. Es gibt nur Freunde, die sich noch nicht getroffen haben." Tom lachte bitter. Die Offenheit seiner Stadt war genauso verloren gegangen wie die sprichwörtliche Sauberkeit.

Der Konflikt zwischen Protestanten und Katholiken hatte das ganze Viertel zu einer Müllhalde gemacht. Tom kehrte seither betont lustlos. Dosen, Flaschen, unreife Früchte. Alles, was auf der linken Straßenseite lag, kehrte er an die Wände der Häuser links, und rechts machte er es ebenso. Er hatte es aufgegeben, den Abfall in seinen Karren zu laden und wegzufahren. Morgen und übermorgen würde es hier so aussehen, als gäbe es ihn, den Straßenkehrer, nicht.

Ein Bus mit Touristen hielt an. Aus dem Fahrzeug hörte Tom den Reiseleiter: „Belfast hat viele glänzend erhaltene viktorianische und edwardianische Gebäude mit fein gearbeiteten Skulpturen über Türen und Fenstern. Die in Stein getriebenen Züge von Göttern, Poeten, Wissenschaftlern, Königen und Königinnen prangen auf den hohen Gesimsen von Bankgebäuden und ehemaligen Palästen der Leinenindustrie."

Tom lachte bitter in sich hinein: „War einmal!"

✠

„Maryanne, sag mir, wo tut es dir weh?" Dr. Flynn beugte sich über die Elfjährige. Er tippte dem Mädchen auf den nackten Bauch: „Hier?", fragte er, „oder hier?"

„Mir tut alles weh und überall", jammerte das Kind.

„Seit Tagen hat sich Maryanne ins Bett verkrochen", versuchte die Mutter zu erklären. „Zuerst dachte ich an eine Sommergrippe. Vernünftig, wenn sie mal im Bett bleibt; sonst ist sie eh nicht zu halten. Aber jetzt. Ich mache mir ernstlich Sorgen, Dr. Flynn. Sie ist so anders."

„Maryanne, ich muss dir jetzt etwas Blut abnehmen." An die Mutter gewandt, sagte der Hausarzt: „Ich möchte nichts übersehen, dennoch denke ich, dass nichts Organisches vorliegt."

„Nichts Organisches?"

„Na ja, jedenfalls nichts, was ich hier feststellen könnte. Warten wir mal ab, was uns das Labor sagt."

✠

„Wie geht es Maryanne?" Father Flanagan wartete nach der Messe auf Frau Wicklow. „Wissen Sie, was

ich denke? Maryanne hat Angst. Sie hat Angst vor dem täglichen Schulweg durch die Straße der Protestanten. Seit Tagen werden die Kinder mit Worten und Beschimpfungen bedroht. Maryanne ist ein sensibles Kind."

Frau Wicklow hob beide Hände: „Ich kann Maryanne nicht jeden Tag begleiten. Ich muss die Kleinen in den Kindergarten bringen und da passt es nicht immer."

„Wir sollten mit anderen Eltern einen Begleitdienst organisieren", meinte Father Flanagan. „Ich werde das dem Gemeinderat mal vortragen."

Am Dienstag nach Christi Himmelfahrt gab es nicht nur böse Worte, es flogen die ersten Steine, als die katholischen Schülerinnen und Schüler durch die Elmsroad zur Schule gingen.

Tom hatte seine sinnlose Arbeit eingestellt und lehnte an der Wand zum Haus Nummer 4. „Jetzt geht das schon gegen Kinder! Nicht genug, dass nachts die Halbstarken von beiden Seiten aufeinander losgehen und die Polizeistationen mal von Katholiken, mal von Protestanten überfallen werden."

Schreiend hatte sich ein Teil der Kinder auf den Schulhof gerettet. Die anderen versuchten erst gar nicht, durch die Elmsroad zu gehen. Sie kehrten verschüchtert um. Von der nahen Wache kamen drei Polizisten, beruhigten die Kinder und begleiteten sie zur Schule.

Rufe, Schreie, Pfiffe von beiden Seiten der Straße. Vorsichtshalber hatten die Polizisten ihre Schlagstöcke gelockert. Zwei Mädchen weinten.

✠

Wieder prasselten Steine auf die Kinder, die zur Schule mussten. Es gab für sie keinen anderen Weg als durch die Elmsroad.

„Schau dir das an", sagte Tom zu dem Fremden, der sich neben ihn an die Hauswand von Nr. 4 gelehnt hatte. „Schau dir das an!"

„Man müsste etwas tun!", sagte der Fremde.

„Ja, man müsste etwas tun", sagte Tom. „Man müsste endlich etwas tun!" Beherzt griff er nach seinem Karren und fuhr ihn zu den Kindern, die verschüchtert auf einem Haufen zusammengedrängt standen. Er hob seinen Besen in die Höhe, als könne er damit etwas gegen die Steinewerfer ausrichten.

„Man muss endlich etwas tun", schrie er den Fanatikern auf beiden Seiten der Straße entgegen, „endlich etwas gegen diese Dummheit tun!"

Da sah Tom an seiner Seite den Fremden. Der erhob die Hände, als wolle er sich ergeben. In Wirklichkeit machte er auf sich und seine Hilfe aufmerksam. Aus dem Haus Nr. 6 kam eine Frau, an die 50 Jahre alt, und stellte sich zu der kleinen Gruppe. Zwei weitere Frauen hatten offenbar nur auf ihr Signal gewartet, auch sie stellten sich zu den Kindern, dann noch drei und noch zwei. Schließlich waren die katholischen Kinder ganz von protestantischen Frauen umgeben, die sie schützten. Im Pulk zogen sie zur Schule und warteten vor dem Hoftor, bis alle Kinder in Sicherheit waren.

Dann kehrten die Frauen um, der Fremde war mitten unter ihnen, und begannen, die Steine, Dosen und Glasscherben aufzulesen und Tom in den Karren zu werfen. Tom kehrte, was der Besen hergab.

Da stimmte eine Frau an: „We shall overcome ..." Die Frauen auf der Straße fielen begeistert in das Lied ein. „We shall brothers be ... we shall live in peace ...", die letzten Unentschlossenen kamen aus den Häusern, die Steinewerfer hatten sich verkrochen.

Tom und der Fremde gönnten sich ein Guinness im Pub „Orange". Seit sieben Jahren hatte der geschlossen. Ferry, der Wirt, der aus Angst vor Anschlägen sein Bier und den Whiskey über die Garage verkauft hatte, erkannte die Gunst der Stunde. Er zog die eisernen Rollläden hoch, schob einen Tisch auf die Straße und staubte die Hocker ab.

„Ab morgen gibt es wieder Guinness vom Fass", sagte er zu Tom. Dann prostete er dem anderen, den er noch nie gesehen hatte, zu und sagte: „Man muss ganz einfach etwas tun!"

Der Fremde hatte sein Glas geleert. Er nickte Tom freundschaftlich zu und ging.

„Wer war denn der?", fragte Ferry.

„Wer wird es schon gewesen sein?", gab Tom zurück und blickte dabei dem Weggehenden nach. „Wer wird es schon gewesen sein? Er!"

FOR SALE

CHARLES
McCARTHY

026-21533

www.charliemccarthy.com

Liebeserklärung aus Stein

Vor 7000 Jahren besiedelten die Tuathan de Danaan die irische Insel. Niemand weiß bis heute, woher sie einst gekommen sind. Für ihre Nachwelt haben sie gewaltige Zeugnisse aus Stein hinterlassen, die bis heute magische Schwerpunkte in die Landschaft setzen. Im Umgang mit den gewaltigen Steinblöcken entwickelten die vorkeltischen Bewohner eine erstaunliche Geschicklichkeit. Zum Teil wurden die Monolithen, die sich noch immer wie schwerelos über das Land erheben, von weither transportiert.

Als die Kelten im fünften vorchristlichen Jahrhundert auf die Insel kamen, bestaunten sie die außerordentlich stabilen Häuser der Tuathan in Trockenmauertechnik und übernahmen diese Bauweise. Vor allem aber mit den Steinkreisen freundeten sich die neuen Bewohner an. Fortan bestimmten die mystischen Bauwerke ihr Leben.

Goldan hatte sein Haus in der bewährten Technik fast vollendet. Es bestand aus einem großen ebenerdigen Raum mit zwei Feuerstellen an den beiden schmalen Außenseiten; die eine für die Küche, die andere zum

Heizen des Wohnteils. Eine steile Holztreppe führte in das Schlaflager der Familie. Über dem Küchentrakt nächtigten die Eltern, auf der anderen Seite war Platz für die Kinder.

Der junge Baumeister blieb auf halber Höhe der Treppe stehen und schloss die Augen. Er sah Rosa vor sich, die junge Frau seines Herzens. Am Dienstag nach Allerheiligen würde er sie heiraten; so war es abgesprochen. Und er sah vier, fünf Kinder auf dem Lager. Ein schöner Traum. Wie wünschte er sich, dass er sich erfülle.

Goldan machte sich daran, die restlichen Arbeiten zu erledigen. Erdreich musste für einen kleinen Garten über dem felsigen Grund aufgeschüttet werden. Die Fensterläden wollte sein Freund, der Schreiner, morgen bringen und das restliche Möbel für den Wohnbereich.

Übermorgen würde er Rosa von der Great-Blasket-Insel holen, wo sie als Zweitälteste mit ihren Eltern und sieben Geschwistern wohnte. Goldan freute sich darauf, ihr das Haus zu zeigen, das er mit eigenen Händen gebaut hatte. Dann würden sie alles für die bevorstehende Hochzeit besprechen und dann ...

„Ich will Rosa O'Craigh holen. Überlasse mir dein Boot für einen halben Tag", bat Goldan einen Fischer im kleinen Hafen von Dunquin.

„Rosa O'Craigh? – Weißt du denn nicht, dass ...?", der Fischer biss sich auf die Lippen, um ein wenig zu hastig hinzuzufügen: „Natürlich. Nimm das Boot. Ich brauche es erst in der Nacht. Gott segne dich."

Goldan sah dem Fischer ins Gesicht: „Was ist?"

Der wandte sich ab: „Nimm das Boot, die Ebbe setzt bald ein. Mit der auflaufenden Flut kannst du zurück sein."

Francis O'Craigh erwartete Goldan am schmalen Bootssteg, der schon ziemlich tief zwischen den schroffen Felsnadeln lag. Das war ungewöhnlich. Der Vater von Rosa reichte ihm die Hand, um ihm aus dem Boot zu helfen, und sagte: „Du wirst Bräutigam sein und bleiben. Rosa ist mit dem Strahl der neuen Sonne durch das westliche Fenster heimgegangen. Kieloben treibt ihr Boot irgendwo da draußen ... Mögen ihre Wege jetzt leicht sein und der Regen sanft."

Goldan stand wie erstarrt auf dem schmalen Steg. Dann folgte er Francis zu dem Cottage, das kirschblütenweiß über den schwarzen Felsen thronte.

Er zeigte keine Regung, als er vor der aufgebahrten Leiche stand. Wortlos segnete er sie mit dem Wasser aus der Heiligen Quelle. Wortlos ging er zu seinem Boot und kämpfte sich gegen die Wellen zum Festland zurück. Auch die folgenden drei Tage bis zur Beerdigung auf der Insel, das halbe Fischerdorf hatte sich dorthin aufgemacht, sprach Goldan kein einziges Wort.

Am 30. Tag seiner stummen Trauer klopfte er beim Bürgermeister an. Er hatte ein Papier in der Hand, die Planskizze der kleinen Siedlung. Der junge Mann deutete auf einen Punkt seiner Skizze: „Das ist gemeiner Grund. Davon brauche ich, direkt am Weg, 60 mal 40 Fuß."

„Du hast doch schon ein Haus gebaut, das jetzt ...“, der Bürgermeister stockte, weil er nicht sagen wollte, dass es jetzt leer bleiben würde.

„Du wirst mir sagen, was Grund und Boden kosten, wenn der Rat der Männer die Entscheidung getroffen hat.“ Goldan war schon gegangen.

In der folgenden Woche nahm Goldan in der kleinen Werft am Hafen Maß von einem der Schiffe, das auf Kiel lag und fast fertiggestellt war.

24 mal 15 mal 15 Fuß ...

Das Wetter hatte nach Allerheiligen umgeschlagen. Es war kalt geworden. Eis lag in der Luft. Unentwegt karrte Goldan flache Steine zu dem Grundstück, das ihm die Gemeinde verkauft hatte. Fragte ihn einer, antwortete er nur: „Es wird schon werden.“

Das Weihnachtsfest bescherte milde Tage. Sofort nach den zwölf heiligen Nächten hob er das Fundament für die Grundmauern aus, auf 24 Fuß in der Länge, spitz zulaufend wie ein umgedrehtes Schiff, 15 Fuß in der Breite.

Sein Bauwerk erweckte erst dann das Interesse der Bewohner, als es aus den Fundamenten bereits einen guten Meter herausgewachsen war. Goldan arbeitete vom frühen Morgen, bis das Dunkel des Abends ihn am Werk hinderte.

Nach der Technik der Ahnen legte er Stein auf Stein. Oft musste er in den Steinhaufen rings um das Gebäude lange nach einem passenden Stück suchen, schließlich mussten sich die Steine gegenseitig Halt und dem Bau Festigkeit geben. Manchmal war er anderntags nicht zufrieden. Dann legte er einen Teil der Mauer wieder ein und begann von neuem.

Am Tag der Lichterweihe Mariens war mit anderthalb Mann die Höhe des Bauwerks erreicht. Jetzt wurden Goldans handwerkliche Fähigkeiten besonders herausgefordert. Bis zum St.-Patricks-Tag hatte er nur noch wenige Wochen Zeit, das freitragende Dach auf die Mauer zu setzen.

Vor dem Tag des Heiligen kündigte sich ein schweres Gewitter an. Der erste Sturm des aufziehenden Frühjahres. Goldan fand trotz seiner Müdigkeit keinen Schlaf. Er war in großer Sorge um sein Bauwerk. Am First, der dem Dach und damit dem ganzen Bau die nötige Spannung geben sollte, fehlten die letzten, die alles entscheidenden beiden Reihen. Sollte seine Arbeit vergeblich gewesen sein?

Ein heller Blitz durchzuckte seine Schlafkammer. Ein gewaltiger Donnerschlag folgte. In die tiefe Stille hinein begann ein starker Regen prasselnd niederzugehen.

Am Fuß seines Lagers stand Rosa, die Arme hoch erhoben. Goldan wurde ganz heiß ums Herz. Seine große Liebe war gekommen. Wie sehr hatte er sich nach ihr gesehnt. Wie hatte er sich die Stunden auf dem gemeinsamen Lager ausgemalt. Auf einmal, er wusste nicht, wie ihm geschah, standen sie eng aneinandergeschlungen im Bauwerk. Der Regen drang durch das Dach, das noch eine gute Handbreit offen stand. Völlig durchnässt schmiegten sie sich aneinander, sie herzten und sie küssten sich –

Eine nasse Kälte weckte Goldan auf. Der heftige Sturm hatte den Platzregen durch die Dachluke in seine Schlafkammer gedrückt. Da hielt es ihn nicht in seinem Bett. Er achtete nicht auf den Regen und rannte in großer Sorge zu seinem Bau. Das unvollendete Dach hatte standgehalten.

Rosa war in dieser Nacht zurückgekehrt, um sein Werk zu retten, das an ihre unerfüllte Liebe erinnern sollte.

Noch am gleichen Tag vollendete Goldan den Bau.

Dann erkannte es auch der Pfarrer, der im Nachbarort wohnte: Ein Gebetshaus, eine kleine Kirche war entstanden. Es sah aus wie ein umgestülptes Schiff, das kieloben über die Schafweide zwischen den dunklen Wolken am hellen Himmel trieb.

Das Oratorium erhält Licht nur durch die Eingangspforte im Westen und eine Fensteröffnung im Osten. „Durch das dunkle Tor des Westens hat Rosa noch vor der Zeit unsere Welt verlassen. Das Licht aus dem Osten verheißt, dass sie wiederkommt am Tag der Auferstehung", erklärte Goldan dem überraschten Seelsorger.

„Du hast deiner Liebe ein unzerstörbares Denkmal errichtet." Der Pfarrer umarmte den jungen Mann und fügte hinzu: „Übermorgen, am Tag des heiligen Patrick, werde ich dieses Gebetshaus einweihen. Denn die Liebe, nicht der Tod hat das letzte Wort."

Der Zauber von Halloween

Recht locker und fröhlich ging es bei der Einführung von Father Finnbar in die Pfarrgemeinde von Kealkill zu. Ganz anders beim trockenen und pflichtgemäßen Abschied von Pfarrer Bartholme, der zum Domherrn von Cork ernannt und zur Feier schon mit violettem Zingulum um die schwarze Soutane erschienen war.

Der Rat der Gemeinde hatte für ausreichend Guinness gesorgt, um Father Finnbar, dem der Ruf vorausging, ein aufgeschlossener Priester zu sein, gebührend zu feiern. Schon lange hatte es im Pfarrheim kein so buntes Treiben und so gute Unterhaltung gegeben. Eine Stunde vor Mitternacht ergriff Finnbar das Wort: „Übermorgen ist Allerheiligentag. Für All Hallows' Eve, den Vorabend, gibt es noch einiges vorzubereiten. Mit dem Abendsegen wünsche ich, bevor ich gehe, eine gute Nacht und eine glückliche Zukunft:

„Gott segne uns diesen Tag und den neuen,
der uns geschenkt wird.
Gott segne ihn mit seiner Gegenwart.
Er segne unsere Augen, damit sie segnen,
was sie sehen.

Er segne unsere Nachbarn,
damit wir von ihnen gesegnet sind.
Er segne unsere Häuser, Frauen und Kinder,
unser Vieh, das Hab und Gut.
Inzwischen wache der heilige Patrick über uns,
damit wir ruhig und sicher schlafen
und uns zu neuem Tun erheben."

Zustimmend sprachen die Versammelten das Amen. Sie kannten den Segen von Kindesbeinen an und waren glücklich, ihn aus dem Mund ihres neuen Pfarrers zu hören.

Pete war schneller als der Pfarrer, er stand bereits vor der Pfarrhaustüre. Das große Fragezeichen im Gesicht Finnbars beantwortete der junge Farmer ohne große Umschweife: „Mit Ihrem Vorgänger konnten wir nicht reden. Es geht um den All Hallows' Eve, den wir seit vielen Jahren nicht mehr feiern durften. Seither ist uns die ewige Welt nicht mehr so nahe wie früher. Die Verstorbenen sind uns fremd geworden."

„Komm rein!", lud ihn Father Finnbar ein, „auch wenn es schon spät ist." Er wusste, wie wichtig den Menschen mit ihrer starken Tradition der Gemeinschaftsgedanke gerade angesichts des Todes war. Die Totenklage, besonders in ihrer jährlichen Wiederholung, schuf einen dichten spirituellen Raum der Verbundenheit mit der Welt des Ewigen. Schon deswegen ist es noch immer Brauch, weder einen Verstorbenen noch dessen Angehörige allein zu lassen. Finnbar hatte es selber oft erlebt, wie in langen Erzählungen ein

Verstorbener zeit seiner Aufbahrung bis zum dritten Tag und weit darüber hinaus lebendig bleibt.

Das Gespräch der beiden Männer dauerte bis weit nach Mitternacht. Im nahen Pub fand Pete dann noch einige Männer aus dem Dorf, die gespannt auf ihn gewartet hatten. Sie wollten wissen, ob die alte Tradition des Totengedenkens am Steinkreis oberhalb der Siedlung wieder aufleben könnte.

„Ich war sehr überrascht von Finnbar", berichtete Pete: „Er steht ganz in unserer Tradition. Als ich ihm unser Anliegen vorgetragen hatte, den All Hallows' Eve wie früher zu begehen, antwortete er geradezu feierlich:

‚Als Seelsorger will ich für euch der Anam Cara sein, der gute Freund, wie es in der frühen keltischen Kirche üblich war. Freud und Leid will ich mit euch teilen, vor allem die Trauer, die Zuversicht und die Verbundenheit an diesem besonderen Tag, der unseren Ahnen gewidmet ist.'"

Das halbe Dutzend Männer im Pub zeigte sich so erfreut über das Ergebnis des nächtlichen Gesprächs, dass trotz der längst überschrittenen Sperrstunde eine Runde des dunkel schäumenden Bieres geordert werden musste. Sie sprühten vor Ideen und Vorschlägen, wie der Vorabend des Allerheiligentages im Anschluss an das Ritual am Steinkreis endlich wieder nach altem Brauch gefeiert werden sollte. Im Pfarrhaus erlosch das Licht im Arbeitszimmer erst, als sich bereits die Morgenröte am Himmel zeigte. Finnbar, der in Dublin Theologie studiert und anschließend drei weitere Jahre in Rom zu weiteren Studien verbracht hatte, erinnerte sich in den frühen Stunden des neuen Tages an seine keltischen Wurzeln. Dem Bischof von Killarney war er sehr dankbar, dass er ihn aus der römischen Welt nach Hause geholt hatte, um im Herzen des Bistums diese Pfarrstelle zu übernehmen. „Gehen Sie auf die Menschen zu", hatte er bei der Übergabe der Dokumente gesagt. „Ihr Vorgänger hatte damit seine Schwierigkeiten."

Finnbar erinnerte sich an den Abschied von seinem Großvater. Damals war er gerade 16 Jahre alt. Es war zum ersten Male, dass er dem Sterben und Tod eines Menschen so hautnah begegnete. Als Großvater Finn, wenigstens den Teil seines Namens hatte er ihm vererbt, zum Sterben kam, ließ er sich nach altem Brauch ein schlichtes Lager in jenem Zimmer des Bauernhauses herrichten, das nach Westen, zur untergehenden Sonne, gelegen war. Seinem unsicheren Enkel sagte er: „Du wirst mein Tun und den Tod nicht begreifen, bevor er an deine Türe klopft. Ich will bereit sein, wenn er kommt."

Sein Tod kam schneller als gedacht. Großmutter öffnete nach seinem letzten Atemzug das Fenster, damit seine Seele heimgehen konnte. Dann bahrte die Familie den Verstorbenen in der Türe seines Hauses auf. Die Nachbarn kamen alle und sprachen das Gebet, das Finnbar jetzt leise für sich sprach:

„Tod, ich kehre heim mit dir in dein Haus.
Ich kehre heim mit dir in dein Haus,
gemacht aus Frühling und Sommer,
aus Herbst und Winter.

Ich kehre heim zu dir in dein Haus,
um dort aus dem Schlaf zum Leben zu erwachen."

Bevor Finnbar endlich das Licht löschen konnte, hatte er sich noch einige Gedanken für die Predigt am All Hallows' Eve notiert. Die Ahnung und das uralte Wissen der Kelten und der Glaube der Christen mussten sich nicht widersprechen.

Erwartungsvoll hatte sich eine große Schar um den Steinkreis oberhalb von Kealkill versammelt. Seit Jahren hatten die Menschen auf diese bewegende Feier, die die Lebenden mit den Ahnen verband, verzichten müssen.

Die Kelten verstanden das Jahr wie jeden einzelnen Tag als einen Kreislauf, der bis zum Jüngsten Tag nie unterbrochen wird und in den der Mensch sich einfügt: Er stammt aus dem unbekannten Geheimnisvollen und kehrt dorthin zurück.

Der Steinkreis markiert den Jahreslauf und den keltischen Jahreswechsel vom 31. Oktober zum 1. November. In der Mitte der westlichen Steinsäule verabschiedet die Sonne mit ihren letzten Strahlen das alte Jahr, um mit ihrem ersten Lichtschimmer den hoch im Osten aufragenden Stein und damit das neue Jahr zu begrüßen. Dazwischen ist die Zeit der Verstorbenen.

Unter seiner Oberfläche lebt das „Gute Volk" aus Elfen und Feen. Sie sind auf das Wohlergehen der Menschen bedacht. Manchmal erscheinen sie als Glücksbringer. Ein andermal warnen sie vor einer tödlichen Gefahr. Über ihrer Welt und der Welt der Menschen wölbt sich die himmlische Welt, die alles zusammenhält.

Das alles wurde am All Hallows' Eve gefeiert.

Pfarrer Bartholme jedoch hatte kein Verständnis, kein Gespür dafür. Er hatte jeden als Heiden, als Abtrünnigen beschimpft, der am 31. Oktober den Steinkreis aufsuchte, und sogar gedroht, allen das kirchliche Begräbnis zu verweigern, die von den alten keltischen Bräuchen nicht lassen wollten. Er wusste nicht, dass das Heilige und das Geheimnisvolle Geschwister sind.

✠

Jetzt hatten sich der Tag und das Jahr mit den letzten Strahlen der Sonne verabschiedet. Die Dunkelheit brach schnell herein. Leichter Nebel kam auf und verwischte die scharfen Konturen der Steine. Es dauerte seine Zeit, bis Pete nach altem Brauch die Öllampe mit Hilfe eines Steines und des Zunderschwammes entzünden konnte. Dann stellte er das Licht vor die Steinsäule im Westen: „Möge euch allen der Segen der Toten zuteil werden, eurem Tod getrost entgegenzusehen."

Aus den Reihen der andachtsvoll lauschenden Menschen lösten sich andere junge Männer. Einer von ihnen stellte sein Licht am Stein im Osten auf und betete:

„Möge der Segen der Toten und das Licht der Sonne eure Angst vertreiben."

Dann folgten der Reihe nach die weiteren Bitten, bis alle Lampen ihren Platz vor den Steinen gefunden hatten:

„Möge der Segen der Toten euch
vor den bösen Mächten schützen."
„Möge der Segen der Toten euch wissen lassen,
dass ihr eine ewige Heimat findet."
„Möge der Segen der Toten euch schenken,
dem Tod erst nach einem langen Leben zu begegnen."
„Möge der Segen der Toten euch einst heiter im Kreis
der Familie und der Freunde heimgehen lassen."

Weihevolle Stille begleitete das Ritual der zwölf Männer. In diesen dichten Augenblicken waren im Steinkreis Lebende und Tote eins. Die Menschen überwältigte ein Gefühl, als seien sie bereits in einer anderen Welt.

Unerwartet trat Finnbar in die Mitte des Steinkreises. In der linken Hand trug er eine Öllampe. Mit der erhobenen Rechten segnete er die Versammelten: „Durch das Leben, das Sterben und den Tod Jesu, unseres Bruders und Freundes, durch sein neues Leben bei Gott, unserem Vater und unserer Mutter, durch den Guten Geist, der uns allen zuteil wird, sollt ihr gesegnet sein. Findet durch euer Leben einst die Ewige Heimat."

Ein hundertfaches Amen war die Antwort. Finnbar hatte spätestens jetzt seine Gemeinde gefunden und die Gemeinde ihren Pfarrer. Durch die Toten war das ganze Dorf mit dem Leben versöhnt.

Die Heilige am Menhir

Leichter, hellgrauer Rauch quoll aus dem steinernen Schornstein des winzigen Häuschens. Das ähnelte eher einem verlassenen Schäferkarren. Das einzige Fenster blickte auf den Menhir von Connemara. In dieser Einsamkeit, das nächste Gehöft stand eine knappe Wegstunde entfernt, lebte eine Frau, deren Alter nur schwer einzuschätzen war. Von den Farmersleuten von Connemara wurde sie nur ‚Die Frau' genannt. Sie wussten, dass man sich bei ihr in ausweglosen Situationen Rat, Hilfe oder doch wenigstens Trost holen konnte.

‚Die Frau' lebte von wilden Kräutern und den wenigen Pflanzen, die in dem kleinen, von einer Hecke umzäunten Garten auf ursprünglichem Boden zwischen mattweißen Felsblöcken wuchsen. Und von den Geschenken, die Ratsuchende gelegentlich mitbrachten: Brot, einem Beutel Gerste, Käse, einer Handvoll Kartoffeln, manchmal sogar einer Wurst aus geräuchertem Schafsfleisch.

Am Fuße des Menhirs unterhalb des Cnoc Mordain tröpfelte eine Quelle täglich so viel Wasser in ein natürliches Becken, wie ‚Die Frau' brauchte. Den Herd in

ihrer bescheidenen Behausung nährte sie mit schwarz-
braunem Torf, den sie ganz in der Nähe stechen konnte.

Eines der wenigen Worte, das von ihr überliefert
ist, sagt: „Das Torffeuer zeigt dem Ahnungsvollen seine Seele. Denn der Stoff für das Feuer, was wärmt und
reinigt, kommt aus Mutter Erde. Es trägt in sich die
Erinnerung an das Leben der Bäume, der Sträucher,
Pflanzen und Blumen; die Erinnerung an längst vergangene Zeiten. Es gibt nichts Heilsameres, als sich an
der ursprünglichen Kraft der brennenden Erde zu
wärmen."

Der Menhir ragte gut drei Mann hoch in die Wolken des Himmels, die mit dem Felsen gelegentlich
spielten. Seit über 3000 Jahren stand der Menhir wie
ein weithin sichtbares Ausrufezeichen in der weitge-
hend unberührten Landschaft, die ein erfahrener Kelte „die Erstgeborene der Schöpfung" genannt hatte.
Die Sonne, das Auge Gottes, umarmte den dreikanti-
gen Stein im Laufe des Tages von allen Seiten.

Am Fuße des Menhirs sind bei genauem Hinsehen
drei fast verwitterte Pfeile zu erkennen. Einer zeigt in
die Erde, einer in den Himmel, der dritte bleibt in der
Waagerechten. „Unsere Ahnen", so deutete ‚Die Frau'
diese uralten Zeichen, „wussten sich in ihrem Leben
mit der Unterwelt wie mit dem Himmel in gleicher
Weise innig verbunden."

Wer ‚Die Frau' um Rat oder Hilfe aufsuchte, unter-
warf sich einem besonderen Ritual: Auf der Ostseite
des Menhirs lagen zwei flache, runde Steine, Fußsche-
meln gleich, mit einem Abstand von zwei Armlängen

einander gegenüber. ‚Die Frau‘ setzte sich mit dem Rücken zum Menhir, ohne ihn zu berühren, auf den einen Stein. Der Ratsuchende saß, die Sonne im Rücken, mit dem Blick auf den gewaltigen Felsblock, der aus dieser Position noch mächtiger erschien, als er es ohnedies war.

Die meisten Besucher, die zum ersten Male ‚Die Frau‘ aufsuchten, erwarteten ein Gespräch mit ihr. Schließlich waren sie übervoll von schweren Gedanken, tiefen Ängsten, unlösbaren Sorgen, von denen sie befreit werden wollten. Doch in der Regel sprach ‚Die Frau‘ bei dieser Zeremonie kein einziges Wort.

Aufrecht sitzend, wie eine Heiligenstatue, sah sie ihr Gegenüber aus klaren Augen an. Schweigend, aber durchaus wohlwollend, blickte sie dem Ratsuchenden in dessen Augen. Zunächst unsicher und unruhig, dann aber eigenartig bewegt, spürten die Hilfesuchenden eine Kraft, die von diesem Blick ausging. Es überwältigte sie ein tiefes Gefühl, ganz aus der Mitte ihrer Seele, dass ‚Die Frau‘ ihr Leben mit allen Höhen und Tiefen durchschaute. Auch das Letzte, das Tiefste, das Verborgene schien sich vor ihr zu offenbaren und damit zu lösen.

Wohl nach einer guten Stunde reichte sie zum Abschied die Hand. Die Menschen, die zum Teil von weither in die Einsamkeit der Connemara gekommen waren, gingen ohne das Bedürfnis, auch nur ein einziges Wort zu sagen, erleichtert und befreit von dannen. Meist fand ‚Die Frau‘ dann an der Türe ihres Häuschens ein Brot, Obst oder ein Stück Ziegenkäse.

Im ganzen Land hatte es sich herumgesprochen, dass ‚Die Frau' ihre heilenden und heilsamen Kräfte besonders bei Krankheiten der Seele entfalten konnte. „Der Körper bewohnt eine unsterbliche Seele", sagte sie einmal. „Meist ist es der Leib des Menschen, der seiner Seele Leid zufügt." Weil es ihr gelang, Leid zu lösen, Menschen zu erlösen, bekam sie bald einen zweiten Namen: ‚Die Heilige am Menhir'.

Je nach dem Stand der Sonne lehnte sie den kranken Menschen an eine der drei Seiten des Menhirs und sprach dieses alte Gebet:

„Das Auge des Großen Gottes,
das Auge des Gottes unserer Väter und Mütter,
das Auge des Gottes aller jetzt Lebenden
blicke dich mit Liebe an.
Das Herz unseres Großen Gottes
gieße sich aus über dich
und erfülle dich ganz vom Kopf bis zu den Füßen.
Das Gesicht unseres Großen Gottes,
die herrliche Sonne,
die Leben schenkt,
heile, heile, heile dich. Amen."

‚Die Frau' ließ dann die Heilung Suchenden eine Zeitlang am Menhir stehen mit der Weisung:
„Ziehe beim Einatmen das Licht der Sonne
tief in dich hinein.
Stoße beim Ausatmen die dunkle Schlacke
aus dir heraus. –

Sprich dieses Gebet so oft und so lange, bis du die Felsen singen und den Ozean schweigen hörst. Dann bist du frei und gesund. Die Wunden deiner Seele sind geheilt, ohne dass Narben bleiben.

Danke Gott und geh!"

✠

Es war schon dunkel geworden, als zwei Männer am Häuschen anklopften. Mit einer Handbewegung bat ‚Die Frau' die beiden in das Innere. Da war kaum Platz für drei Personen, also saßen sie, eng aneinandergedrängt, vor dem Feuer. Wieder ein langes Schweigen. Nur das zischende Pfeifen des Torffeuers war gelegentlich zu hören. Unvermittelt sagte einer der Männer, es war Colin aus Gearhill, in die kurzen Flammen des Kamins: „Es steht schlecht mit dem Frieden zwischen den Leuten von Gearkelly und den unseren!"

Finley aus Gearkelly fügte hinzu: „Es geht um einen Bergrücken, den beide Seiten für ihre Schafe als Weideland beanspruchen."

„Wem gehörte das Land ursprünglich?", hörten sie ‚Die Frau' nachfragen.

Wie aus einem Munde antworteten die Männer: „Seit wir denken können, haben den Bergrücken beide Ortschaften gemeinsam als Weideland benutzt."

Es stellte sich im weiteren Gespräch heraus, dass die Bürgermeister wegen einer Familienfehde so zu Feinden geworden waren, dass sie ihren ganz persönlichen Zwist auf der nächsten Ebene zu lösen suchten. Sie zogen die Menschen ihrer Ortschaften in den Streit hinein; die Hirten der einen Seite vertrieben die Schafe der anderen vom Berg. Zunächst gab es Schimpfwörter und Flüche, dann flogen Steine.

‚Die Frau' hörte sich, ohne ein Wort zu sagen, die ganze Geschichte an. Dann nahm sie aus dem Kaminfeuer ein wenig Glut, legte sie in zwei Tonschalen und trug den Männern auf: „Bringt diese heilige Glut in das Haus und in den Kamin der Bürgermeister. Einer für die Seite des anderen. Die Glut wird nicht erlöschen, bis ihr in den Häusern angekommen seid. Es ist die heilige Kraft der Natur.

Dort sprecht diese Worte:
„Die Heilige Drei
ein Schutzwall sei
für Freundschaft und Frieden.
Beide breiten sich aus in jeglichem Haus,
in jeglichem Herd.
Über das Land unter St. Patricks Hand."

Am nächsten Tag schon weideten die Schafe aus Gearhill, erkennbar durch den grünen Farbtupfer am Schwanzstummel, mit den rot getupften Schafen von Gearkelly am umstrittenen Bergrücken friedlich miteinander. Sie freuten sich über das frische Gras. Bald hatten die beiden Herden sich untereinander vermischt.

Die beiden Hirten mit ihren schwarzweißen Hunden breiteten ihre Decken unter dem Dach eines Ahornbaumes aus.

Die große Fahrt des Brendan

Einführung

Wie innig sich keltische Spiritualität und christliche Visionen in Irland miteinander verbunden haben, damit aber auch der Glaube an Gott wie an wirksame Wesen zwischen Himmel und Erde, sogar der Unterwelt, zeigt die Geschichte von der Großen Fahrt des Brendan. Einige Geschichtsforscher glauben, dass der Heilige von Kerry auf seiner sagenumwobenen Missionsfahrt Amerika entdeckt haben dürfte.

Brendan wurde 484 in Fenit, einem kleinen Hafen an der Tralee Bay, geboren. Erst ein Jahr alt, brachten ihn die Eltern zur hl. Ita. Die Nonne prägte seine Kindheit. Als Brendan sechs Jahre alt war, übernahm Bischof Eric seine weitere Erziehung. Der Junge war begabt und lernte sehr schnell. Doch seine große Sehnsucht war das Meer.

Als Mönch lebte Brendan lange Zeit auf den Aran-Inseln. Von dort zog er sich auf einen Berg zurück, der heute seinen Namen trägt. Mit Blick auf das weite Meer reifte dort der Entschluss, nach Westen über das Meer zu fahren, um das sagenhafte „Land der Heiligen" zu finden. Zusammen mit 14 Mönchen ging die Reise im Jahr 535 los und sollte sieben Jahre dauern.

In der folgenden Erzählung wird das große und schwierige Unternehmen von dem Mönch Finghin überliefert. Er legt den Bericht St. Brendan in den Mund:

Meine Berufung zur Pilgerfahrt

Immer intensiver verfolgt mich der Gedanke, dass Gott mich zu einem anderen Leben berufen hat. Als Abt trage ich die Verantwortung für viele Brüder, derzeit sind es über 400, eine Aufgabe, die mich niederdrückt. Als ich vor dreißig Jahren ins Kloster gegangen bin, suchte ich die Einsamkeit. Eingetauscht habe ich sie für ein geschäftiges Treiben, das jetzt hinter den Mauern lauter und umtriebiger ist als in der Stadt. Am Abend bin ich erschöpft. Viele Menschen habe ich gesehen, noch mehr haben mich um Rat gefragt oder um Hilfe angegangen. Diesen Bruder konnte ich loben; etliche musste ich tadeln. Zum gemeinsamen Gebet, Gott sei es geklagt, bringe ich schon lange nicht mehr die Sammlung und Ruhe mit, die ich für meine arme Seele bräuchte.

Nachdem ich vieles und noch mehr für die Menschen, erst recht für die Brüder in drei Klöstern, getan habe, ist es mein fester Entschluss, in der Mitte meines Lebens – Gott mag es schenken – nach jener einsamen Insel im Ozean zu suchen, von der so viel berichtet wird. Dort mag ich Gott dienen bei Tag und bei Nacht.

Ich habe in den letzten Wochen etliche Brüder befragt, die von der Schafsinsel, von der Vogelinsel, von der Schmiedeinsel, gar von der Hölleninsel zurückgekehrt sind. Sie haben auf der Fahrt durch die stürmischen Wellen des Ozeans die Insel der Heiligen nicht gefunden. Aber übereinstimmend erklärten sie, dass sie noch weiter im Westen zu suchen sei, weiter, als sie mit ihrem Schiff vordringen konnten.

Also musste ich mich als Erstes nach einem Boot umsehen, das groß genug ist, um die haushohen Wellen, von denen die Brüder sprachen, zu bestehen und um auch eine kleine Mannschaft, die mit mir die Strapazen der Fahrt teilen möchte, aufnehmen zu können.

Eine gute Woche lang konnte ich wegen meiner vielfältigen Obliegenheiten den Gedanken an eine Fahrt zur Insel der Heiligen nicht weiterverfolgen. Heute brachte mir ein Bruder aus dem Nachbarkloster eine Schrift, in der diese Insel beschrieben ist. Sie liegt an die tausend Meilen gegen Sonnenuntergang mitten im Ozean, von rauen Sturmwinden geschützt.

In der gleichen Schrift werden die Himmelsrichtungen beschrieben und die Inseln, die auf dem Weg dahin liegen, damit in Zusammenhang gebracht. Zuerst gelte es, nach Norden aufzubrechen, um das Böse zu überwinden und hinter sich zu lassen. Dann habe man sich, genau entgegengesetzt, nach Süden zu wenden, dort wo der Heilige Geist wirksam sei. Erst dann führe der Weg durch die Wasser des Ozeans nach Westen bis zum Ende der Welt. Diese Hinweise gaben mir zu verstehen, weswegen so viele die ersehnte Insel nicht gefunden haben. Sie ist keinesfalls auf dem direkten Weg zu erreichen. Erst muss sich der Mensch gereinigt haben, bevor er die Insel der Seligen betreten darf.

In den drei Klöstern, die meiner Aufsicht unterstanden, suchte ich unter großer Verschwiegenheit Brüder, die es mit mir wagen wollten, sich den Gefahren des gewaltigen Ozeans anzuvertrauen.

Am Abend des Ostertages, der Herr ist wahrhaft auferstanden, halleluja, bekam ich die Nachricht, dass das Schiff bald fertig gestellt sei. Voller Ungeduld machte ich mich sofort auf den Weg. In einer abgeschiedenen, uneinsehbaren Bucht, zwei Meilen von Feohanagh entfernt, entdeckte ich das Schiff. Es war in der Länge so groß wie drei Mönchszellen. In der Breite maß es eine Mönchszelle und war ganz und gar aus festem Holz gebaut. Das Besondere waren die Tierhäute, die innen und außen das Schiff vor dem Wasser schützten. Wie mir die drei Erbauer, Gott segne ihre sachverständige Arbeit, erklärten, war die äußere Haut mit der inneren durch Erdpech fest verbunden. Sie gedachten, es mit diesem Fahrzeug zu wagen, die Insel der Heiligen zu suchen.

Die Fahrt sollte am Himmelfahrtstag beginnen, 40 Tage nach Ostern. Das schien mir ein guter Termin für das Unternehmen, das uns Gott näherbringen sollte. Ich bat alle Brüder in dieser Zwischenzeit zu fasten und zu beten, damit die Fahrt gelinge und zu ihrem Ziel komme. In den drei Klöstern, die mir unterstellt waren, hatte ich je ein Testament hinterlassen, das alles festhielt, was nach meinem Abschied zu regeln war. Dem frommen Gebet der Brüder empfahl ich meine Seele und die Seelen der vierzehn Begleiter.

Der ausgewählte Abend war ruhig und sternenklar. Ich versammelte die Brüder in der verschwiegenen Bucht. Doch wie erstaunt war ich, als ich statt der vierzehn siebzehn Männer zählte. Die drei Hinzugekommenen fielen mir zu Füßen und sagten: „Vater, lass uns mit dir fahren oder wir wollen lieber sterben. Denn wir haben uns vorgenommen, die Pilgerfahrt mit dir zu bestehen."

Ich segnete sie also und nahm sie in die Mannschaft auf. Dann überprüfte ich die Ladung. Dann lasen wir einen Abschnitt aus dem Buch der Weisheit, bevor wir uns durch den Schlaf für die weite Reise stärkten:

„Deine Vorsehung, Vater, steuert das Schiff;
denn du hast auch im Meer einen Weg gebahnt
und in den Wogen einen sicheren Pfad.
Darum vertrauen wir Menschen unser Leben
sogar einem winzigen Holz an
und fahren wohlbehalten wie auf einem Floß
durch die Brandung des Meeres."

Stationen meiner Pilgerfahrt

Als der Morgenstern am Himmel erschien, gab ich den Befehl, aufzubrechen: „Hisst das Segel und lasst es nach Gottes Willen aufgespannt. Der Ewige verfahre mit diesem Schiff und mit uns, seinen Dienern, wie er will." Die Brüder antworteten freudig „Amen", und das Boot glitt schnell aus der Bucht auf den offenen Ozean hinaus. Ein günstiger Wind trieb uns schnell durch Gischt und Wellen nach Norden.

Wir fuhren nun schon den zehnten Tag durch die Wüste des Wassers. An den ersten Tagen hatten uns noch Delphine begleitet. Wir feierten bei mäßigem Wind das Pfingstfest. Als ich die heiligen Berichte gelesen hatte, stimmten die Brüder den Lobgesang an:

Und wieder führt das Jahr herauf
der seligen Freude hohen Tag:
Den Geist, verheißen aller Welt,
er uns auch heut zu schenken mag.

Seit Tagen umgibt uns ein starker Nebel, so dass wir oft nicht einmal die Mastspitze sehen können. Die Brüder sind ruhig. Sie vereinigen sich zum Gebet, wann immer dafür die Stunde gekommen ist.

Der Nebel erinnert an die Gottesferne. Doch einst werden wir nach dem Plan Gottes nicht nur sehen, wir werden schauen, was er denen bereitet hat, die ihn lieben.

Das Wetter hat sich noch immer nicht geändert. Ein einziges Mal haben wir in den letzten Tagen die Sonne gesehen und uns daran orientieren können, dass unsere Fahrt immer noch nach Norden geht.

Nach 40 Tagen gehen unsere Nahrungsmittel zu Ende. Auch das Wasser ist knapp geworden, denn trotz des schlechten Wetters hat es seit langem nicht mehr geregnet. Wir wenden uns jetzt nach Westen und ich tröste die Brüder: „Der Herr selber fährt mit uns über den Ozean. Warum sollten wir uns fürchten? Lernt daraus: Wenn die Not am größten, ist Gottes Hilfe am nächsten."

Heute rief einer der Brüder gegen die Mittagsstunde: „Land! Land in Sicht." Und wir entdeckten eine Insel. Steile, unzugängliche Felsen ragten aus dem Wasser. Wir sahen einen Wasserfall, der von einem hohen Berg stürzte, aber wir konnten, sosehr wir uns auch mühten, nicht an Land. Die Brüder waren hungrig und litten Durst. Ich tröstete sie und sagte: „Nur Mut, der Herr Jesus wird uns binnen drei Tagen einen Platz zeigen, wo wir landen können."

In aller Morgenfrühe trieb das Schiff ohne unser Zutun in eine schmale Bucht. Wir fanden einen Landeplatz und wir gingen an Land. Da kam ein Hund gelaufen und legte sich mir zu Füßen. Ich nahm das als ein Zeichen des Allmächtigen. Ich sagte: „Seht, hat Gott uns nicht einen guten Boten geschickt? Wir wollen dem Hund folgen." Der Hund führte uns zu einem

Palast. Es war kein Mensch zu sehen, aber der Palast war gefüllt mit den besten Speisen und edelsten Weinen. Ich aber befahl den Brüdern: „Nehmt nur Brot, Wasser und Wein." Dann segnete ich die Speise. Wir aßen und wir wurden alle satt.

Der Herr öffnet seine milde Hand und gibt den Seinen Speise zur rechten Zeit. Der Palast soll uns an die Verheißung des Propheten erinnern: Der Herr wird alle zu einem großen Festmahl laden mit erlesenen Speisen und edlen Weinen.

Drei Tage erholten wir uns auf diese Weise auf der Insel, ohne einen einzigen Menschen zu sehen. Dann sagte ich: „Wir kehren zu dem Schiff zurück. Aber nehmt nichts mit aus dem Palast, außer Brot, Wasser und Wein." Die Brüder antworteten mir: „Gott helfe uns, damit wir uns nicht an fremdem Gut bereichern!" Doch ich wusste, dass einer der Brüder einen silbernen Becher unter seiner Kutte verborgen hatte. Bevor wir das Schiff erreichten, sagte ich: „Einer von uns wurde vom bösen Geist verführt." Da warf er sich mir zu Füßen, legte den silbernen Becher auf den Boden und bat: „Vater, verzeih und bitte für meine Seele, damit sie nicht verdammt werde." Als ich ihn zum Zeichen der Vergebung vom Boden aufheben wollte, sprang ein schwarzer Mann aus seinem Schoß und schrie: „Mann Gottes, warum treibst du mich aus der Wohnung, die ich endlich gefunden hatte." Wir alle waren sehr erschrocken und wollten schnell unser Schiff erreichen. Doch unser Bruder lag tot am Boden. So mussten wir ihn an gleicher Stelle begraben und seine Seele Gott, dem Herrn, empfehlen. Als wir endlich zu unserem Schiff kamen, stand dort ein junger Mann, der aussah wie ein Engel. Er hatte einen Korb mit Brot und einen Krug Wasser und sprach: „Ihr habt einen weiten Weg, bis ihr wieder Speis und Trank findet. Empfangt deswegen diese Zeichen: Von heute an bis zum hohen Ostertag wird es euch weder an Brot noch an Wasser mangeln."

Nach ruhiger Nacht hissten wir das Segel und verließen die Insel. Wieder vertrauten wir uns und unsere Seelen dem Ozean an, als wäre er die Hand Gottes.

Die Tage zogen dahin ohne besondere Vorkommnisse. Das Wasser im Krug ging nicht aus, das Brot im Korb wurde nicht weniger. Wir lobten und priesen Gott auf der Fahrt über das Meer für seine Güte, die er uns erwies.

Es erfüllt sich an denen, die auf Gott vertrauen, das, was auch schon der Witwe von Sarepta widerfahren ist.

Heute muss Ostern sein. Denn wir erreichten eine Insel und bemerkten, noch bevor wir an Land gehen konnten, dass der Krug und der Korb leer waren. Da sagte ich zu den Brüdern: „Wir wollen an Land gehen und hier den Gottesdienst feiern. Denn heute ist der Hohe Ostertag. Christus ist wahrhaft von den Toten auferstanden. Halleluja." Die Brüder antworteten mit „Halleluja", und wir gingen an Land. Wir fanden auf der Insel Schafe, sie waren schneeweiß. Ich sagte: „Nehmt aus der Herde ein Schaf, damit wir Ostern feiern können." Als wir das Osterlamm zubereitet und alle davon gegessen hatten, kam ein Mann und brachte in einem Korb alles, was an Nahrung nötig war. Und wir blieben drei Tage auf der Insel.

Als wir uns anschickten, abzufahren, kam der Mann, der uns versorgt hatte, brachte wieder allerlei Nahrung und sagte: „Ich bringe euch alles, was ihr braucht bis zum Pfingstfest und für noch acht Tage danach."

In der sechsten Stunde legten wir, wie befohlen, ab und fuhren mit günstigem Wind nach Süden.

Manch Wunderbares, aber auch Seltsames ist uns widerfahren auf unserer Fahrt über den Ozean. Es müssen an die drei Monate vergangen sein, da wir weder Land noch den Himmel sehen konnten. Aus Sorge, die Vorräte könnten nicht ausreichen, befahl ich den Brüdern, nur noch jeden dritten Tag Nahrung zu sich zu nehmen.

So lesen wir ja auch im Buch Tobit: Es ist gut, zu beten, zu fasten, barmherzig und gerecht zu sein.

Endlich sind wir wieder auf eine Insel gestoßen. Ich hatte es aufgegeben, die Tage und Nächte zu zählen. Wir waren alle müde und erschöpft und konnten wieder keinen Platz finden, um unser Schiff an Land zu bringen, sosehr wir uns auch mühten.

Drei Tage plagten sich die Brüder ab. Endlich fanden wir einen Platz, der uns günstig schien, an Land zu kommen. Ein alter Mann kam uns entgegen, als wir voller Freude die Erde geküsst hatten. Er nahm mich bei der Hand und führte uns zu einem Kloster. Ich fragte: „Woher kommen die Brüder, die in diesem Kloster wohnen?" Aber der Alte antwortete nicht. Er gab mir ein Zeichen, wir sollten schweigen. Uns kamen Mönche entgegen, begrüßten uns schweigend, führten uns zu einem Wasserbecken und wuschen uns Hände und Füße. Dann brachten sie uns, immer noch unter tiefem Schweigen, zu Tisch. Sie reichten uns Brot, das ganz weiß war, dazu gab es Kräuter und Gewürze, die köstlich schmeckten. Dann brachten sie klares Wasser. Schließlich erhob sich der Abt und erklärte: „Jeden Tag bekommen wir Brot und wir wissen nicht, von wem es kommt. Für zwei Brüder gibt es ein Brot, das sie miteinander teilen. Als aber heute jeder ein ganzes Brot bekam, da wussten wir, dass Gott uns Gäste senden würde, damit wir mit ihnen das Brot des Himmels brechen. Wir empfinden durch dieses Brot kein Alter und keine Krankheit. Aber wir dürfen auch keine andere Speise zu uns nehmen als dieses Brot und das Wasser aus dem besonderen Brunnen." Der Abt führte uns danach zum Gebet in die Kirche. Die war ganz und gar aus Kristall und Lampen aus Kristall brannten ringsum. Dort sangen wir miteinander die Komplet mit großer Freude. Der Abt erklärte nach dem Gebet: „Vor achtzig Jahren sind wir auf die Insel gekommen und die Brüder haben seither kein Wort mehr geredet und keine Stimme gehört außer beim Lobgesang Gottes." Da sagte ich zum Abt: „Wenn es euch gefällt, dann möchten wir hierbleiben, denn wir suchen die Heiligkeit in der Stille." Doch der Abt antwortete mir: „Es ist nicht der Wille Gottes."

Der Abt drängte uns, und so nahmen wir Abschied und fuhren nach Westen. Unser Schiff flog im Wind nur so dahin. Gegen Abend erreichten wir eine Insel, deren Wasser sehr fischreich waren. Wir fingen so viele Fische, wie wir zum Essen brauchten. Ich warnte aber die Brüder davor, zu viel von dem Wasser zu trinken. Es kam mir nicht geheuer vor. Doch einige hörten nicht auf meinen Rat und schliefen sogleich ein.

Drei Tage mussten wir warten, bis die Brüder, die zu viel von dem Wasser getrunken hatten, wieder erwacht waren. Da sagte ich: „Wir wollen schnell weiterfahren, damit uns durch das Wasser nicht Schlimmeres widerfahre." Also fuhren wir ab.

Ich erinnere euch an das Volk Israel, von dem es heißt: Als sie nach Mara kamen, konnten sie das Wasser nicht trinken.

Nach zwanzig Tagen, beim Morgengrauen, sahen wir endlich Land. Ich fragte: „Meine Söhne, kennt ihr diese Insel?" Sie antworteten: „Wir kennen sie nicht." „Aber ich kenne sie", erklärte ich ihnen: „Es ist die gleiche Insel, auf der wir im letzten Jahr zu Ostern waren." Da freuten sich die Brüder und sie ruderten, so fest sie nur konnten. An Land wurden wir wieder mit allem versorgt, was wir brauchten. Wir sangen: „Gott ist wunderbar zu seinen Heiligen. Der Gott Israels gibt seinem Volke Kraft, er sei gepriesen." Wir bereiteten alles vor, was für die Feier des Leidens, des Todes und der Auferstehung unseres Herrn nötig war.

Ich befahl den Brüdern, den Ostermorgen auf dem Schiff zu feiern und loszufahren, um endlich die Insel des Paradieses zu finden. Zuvor beluden wir das Schiff mit allem, was wir nötig hatten.

So weit wir auch fuhren, wir bewegten uns dennoch nur im Kreise. Denn kurz vor Heiligabend kamen wir wieder bei der Insel an, auf der wir auch im vorigen Jahr die Geburt unseres Herrn Jesus Christus gefeiert hatten, und wir wunderten uns sehr. Als die heiligen Feiern beendet waren, fuhren wir ab.

Ist unser Leben nicht ein großer Kreislauf? Darum wollen wir bitten, dass wir das, was wir mit dem Herrn begonnen haben, auch mit ihm vollenden können.

Heute, am Tag der Zwölf Apostel, feierten wir auf dem Schiff die Messe. Da wurde auf einmal das Meer so ruhig, so licht und so klar, dass wir in der Tiefe wie durch Kristall alle Fische und Meerestiere sehen konnten. Es waren ungeheuer viele und gewaltig große Wesen, so dass mich die Brüder baten, die Messe in aller Stille zu lesen, damit die Ungeheuer nicht erwachten. Ich aber erwiderte: „Was fürchtet ihr die Tiere des Meeres, ihr Toren? Ist nicht unser Gott der Herr und Gebieter all dieser Lebewesen?" Und ich sang das heilige Amt so laut, dass sich die Lebewesen vom Meeresgrund erhoben und unser Schiff begleiteten, bis die Messe beendet war.

Nach 22 Tagen kamen wir an eine Insel, die Furcht erregend aussah. Ich sagte zu den Brüdern: „Ich habe Angst vor diesem Eiland. Wir wollen sie mit günstigem Wind hinter uns lassen." Sogleich hörten wir ein Sausen und Brausen, ein Hämmern und ein Schlagen wie Eisen auf Amboss. Da segnete ich das Schiff und alle auf dem Schiff und betete: „Herr Jesus Christus, hilf uns aus dieser Not." Ich befahl, das Segel höher zu ziehen und zu rudern, so schnell es irgend ginge. Aber wir kamen nicht von der Stelle. Da sahen wir ein Ungeheuer von einem Mann am Ufer, einen Steinwurf weit entfernt. Er trug an einer eisernen Zange ein glühendes Stück Eisen von gewaltiger Größe und warf es auf das Schiff, konnte uns aber nicht treffen. Es war ein Schreien und Brüllen auf der Insel und vom obersten Berg floss glühendes Eisen herab und fiel ins Meer mit gewaltigem Krachen und Dampf. Da wusste ich, dass wir an den Enden der Hölle angelangt waren, und ich sagte zu den Brüdern: „Ziehet an die Waffen des Geistes, seid stark im Glauben und zweifelt nicht. Gott wird uns erretten."

Ich erinnere euch, Brüder, an das Wort der Schrift: Der Tod führt die Ungerechten auf seine Weide wie die Schafe, sie stürzen hinab zur Unterwelt.

Wie ein Wunder waren wir der Hölleninsel entkommen. Nach drei Tagen kamen wir an eine weitere Insel, schwarz wie die Kohle. Einer der drei Brüder, die zu unserer Gemeinschaft gestoßen waren, sprang an Land. Die Insel war aber nichts anderes als ein ande-

rer Ausgang der Hölle. Kaum hatte er Boden unter den Füßen, da schrie er: „Wehe, Vater, wehe, ich kann nicht mehr zu euch zurückkommen." In großer Aufregung drückten die Brüder mit den Rudern das Schiff vom Land weg und beteten: „Herr, Gott, erbarm dich über uns." Und wir mussten vom Wasser aus zusehen, wie unser Bruder von bösen Geistern entführt wurde. Wir fragten uns betrübt, was unser Mitbruder getan haben mochte, dass ihn hier ein solches Schicksal ereilte.

Wehe den Brüdern, die auswendig anders sind als inwendig. Sie gleichen den Gräbern. Außen sind sie schön anzusehen, inwendig sind sie nur Unrat.

Eines Tages fanden wir gegen Mittag eine kleine Insel; sie war so hoch wie breit und lang. Ich sagte zu den Brüdern: „Das muss die Insel des Einsiedlers Paulus sein, der hier 40 Jahre gelebt hat und 30 Jahre seines Lebens von einem wilden Tier versorgt wurde." Ich ging an einer günstigen Stelle an Land und befahl den Brüdern, auf mich zu warten. Ich fand einen Bach, stieg aufwärts bis zu seiner Quelle. Dort öffnete sich eine Höhle. Da kam mir in der Tat der Altvater Paulus entgegen und hieß mich willkommen. Er bat mich, die Brüder zu holen, und er hieß auch sie willkommen. Als wir in der Höhle beisammensaßen, betete der Altvater den Psalm: „Wie schön ist es und wie gut, wenn Brüder in Einigkeit beisammen sind." Dann redete er alle mit ihrem Namen an und wir wunderten uns darüber sehr. Der Altvater trug kein Gewand, er war ganz und gar umgeben von den Haaren seines Kopfes und Bartes, die bis zu den Füßen reichten.

Der Altvater Paulus erhob sich und sagte: „Ihr sollt jetzt fahren, denn eure Zeit wird sich erfüllen. Nehmt Wasser mit, so viel ihr könnt. Denn ihr habt noch 40 Tage zu fahren bis zum Untergang der Sonne. Noch einmal werdet ihr Ostern feiern auf der Insel, auf der ihr sechs Jahre lang versorgt worden seid. Dann hat sich der Kreis geschlossen und ihr werdet fahren zur Gelobten Insel, um von dort heimzukehren in euer Vaterland."

In der Ferne tauchte die Insel auf, auf der wir das Osterfest feiern sollten. 40 Tage lang hatten wir uns nur vom heiligen Wasser des Altvaters Paulus ernährt. Wieder wurden wir freundlich empfangen, um das Fest der Auferstehung unseres Herrn Jesus Christus zu feiern.

Der Mensch, bedenkt es, ihr Brüder, muss in seinem Leben alles durchwandern, den Norden, das ist der Ursprung des Bösen, den Süden als Ort der Stärkung durch den Geist Gottes, den Westen als Ort des Abschieds und der Mahnung an das Ende des Menschen. Dann erst kann er nach Osten gehen, um das Paradies zu erreichen.

Nach acht Tagen schieden wir von der Insel. Da sahen wir einen gewaltigen Fisch. Ich sagte zu den ängstlichen Brüdern: „Euch geschieht kein Leid. Es ist der Fisch Jascanus, er zeigt uns den rechten Weg bis zu den Ufern der Vogelinsel."

Wir blieben auf der Insel, die da heißt Paradies der Vögel, bis zum achten Tag nach Pfingsten. Wir fanden dort einen Führer, der uns versprach, den Weg in das Gelobte Land der Heiligen zu zeigen. Wir nahmen ihn an Bord und brachen auf. Die Vögel aber sangen zum Abschied: „Zum Paradiese mögen Engel euch geleiten und die Chöre der Seligen sollen euch empfangen."

Wieder waren wir 40 Tage unterwegs. Am 40. Tag, zur Zeit der Vesper, kam eine dunkle Wolke auf, die uns wie die schwarze Nacht vorkam. Der Führer fragte: „Wisst ihr, was der Nebel bedeutet? Dieser Nebel umhüllt die Insel, die ihr so lange gesucht habt." Etwa nach einer Zeit, die man braucht, um eine Hore zu beten, umgab uns ein schönes, mildes Licht und unser Schiff stand am Ufer der Insel. Es war ein wunderschönes Land, geziert mit Blumen und Bäumen, die voller schmackhafter Früchte waren, als sei schon die Zeit des Herbstes. Wir wollten wachen und beten bis zum nächsten Morgen.

Doch welch ein Wunder! Es wurde nie Nacht auf dieser wunderschönen Insel. Wir litten keinen Mangel, weder an Speise noch an Trank. Wir konnten von den süßen Früchten essen, so viel wir wollten. Wir tranken aus milden Brunnen und durchwanderten das herrliche Land nach allen Seiten und waren fröhlich in unserem Herzen.

Sosehr wir auch wanderten und gingen, wir kamen nie an ein Ende der Insel. Eines Tages kamen wir auf unserer Wanderung an ein großes fließendes Wasser, einen Strom, den wir nicht überschauen konnten. Ich sagte zu den Brüdern: „Über diesen Strom können wir nicht gelangen. Er ist wohl die Grenze zwischen dieser und jener Welt." Während wir noch überlegten, kam uns ein junger Mann entgegen, ob von der anderen Seite, ich weiß es nicht. Er grüßte uns, indem er einen jeden von uns bei seinem Namen nannte. Er segnete uns und sagte: „Herr, unser Gott, selig sind alle, die eine Wohnstatt haben in deinem Haus; sie loben und preisen dich bis in die Ewigkeiten der Ewigkeit." Dann sagte er zu mir und den Brüdern: „Lieber Herre Brendan, sieh das alles an: Das ist das Land, das du so lange Zeit gesucht hast. Du hast es so lange nicht finden können, weil Gott dir seine mannigfaltigen Wunder auf dem großen und wütenden Ozean hat zeigen wollen. Jetzt kannst du heimwärts fahren in das Land, in dem du geboren wurdest und in dem du sterben wirst. Aber nimm von den Früchten dieser Insel und von dem edlen Gestein so viel mit, als dein Schiff tragen kann."

Also füllten wir drei Tage das Schiff mit den Schätzen der Insel der Seligen bis an den Rand. Unseren Führer, der uns hierhergebracht hatte, überließen wir der Obhut des jungen Mannes, der mir zum Abschied sagte: „Jenseits des großen Stromes ist das ewige Land der Verheißung. Dort gibt es nur Leben und Freude und ewiges Licht. Denn Jesus Christus ist das Licht, das Tag und Nacht scheint. Fahrt nun in Frieden, denn eure Augen haben gesehen, was Gott denen bereitet hat, die ihn lieben und ehren."

Der Tag unserer Heimfahrt war angebrochen. Ich versammelte die Brüder am Ufer und betete: „Herr, lass es wahr sein, dass du das Lachen der Kinder liebst, die Erzählungen der Alten, die Träume und die Sehnsüchte der Jungen. Lass es wahr sein, dass du hörst auf den Lobgesang der Brüder, damit wir leben können nach deiner Art. Wenn es dein Wille ist, lass uns nach den Erfahrungen dieser sieben Jahre heimkehren in unser Land. Amen."

Auch die Brüder sagten „Amen", wir bestiegen das Schiff und hissten das Segel. Und siehe, ein milder Wind erhob sich und trug uns mit großer Schnelligkeit über das Meer gen Osten, dem Aufgang der Sonne zu.

Wir fuhren zehn Tage bei günstigem Wind und kamen am elften in die große Bucht von Shannon. Mit auflaufender Flut und schneller Fahrt ging es stromaufwärts, wie von Engelsmächten gezogen. Am zwölften Tag zur Zeit der Vesper erreichten wird Clonfert. An die tausend Brüder standen am Ufer des Flusses, um uns zu begrüßen und in das Kloster zu begleiten. Wir kamen gesund und kräftig im Kloster an, so wie wir vor Jahren ausgefahren waren. Während wir mit den Schätzen der Insel der Seligen an Land gingen, sangen die Brüder:

Auf zu Gott, ihr Völker!
Erweist dem Herrn Ehre,
unterwerft euch seiner Macht!
Werft euch vor ihm nieder,
wenn er in seiner Heiligkeit erscheint!

Der Himmel soll sich freuen, die Erde jauchzen,
das Meer soll tosen mit allem, was darin lebt!
Der Ackerboden soll fröhlich sein samt allem,
was darauf wächst;
alle Bäume im Wald sollen jubeln!
Denn der Herr kommt; er kommt und sorgt
für Recht auf der Erde. Er regiert die Völker
in allen Ländern als gerechter Richter.

So haben wir unsere Pilgerfahrt wohlbehalten beendet, die uns durch die Schrecken des Ozeans geführt hat. Den Kelch und die Patene vom großen Turm habe ich in die Kirche gestellt zur Erinnerung der kommenden Geschlechter an unsere Pilgerfahrt. Und ich habe den Brüdern meinen Bericht vorgelesen, ihnen zum Nutzen und uns zum Trost, und mit Kommentaren versehen, damit sie, wie es in der Schrift heißt, hören und verstehen können.

Bibliografische Information der Deutschen Nationalbibliothek

Die Deutsche Nationalbibliothek verzeichnet diese Publikation
in der Deutschen Nationalbibliografie; detaillierte bibliografische
Daten sind im Internet über <http://dnb.d-nb.de> abrufbar.

© 2012 Echter Verlag GmbH
www.echter-verlag.de

Umschlaggestaltung: Christine Eisner
Buchgestaltung: Peter Hellmund
Umschlagbild und Bilder im Innenteil: Stefan Phillips
Druck und Bindung: CPI – Clausen & Bosse, Leck

ISBN 978-3-429-03497-9